La Santidad en las Cartas de Pablo

La Santidad en las Cartas de Pablo:
La Repuesta Necesaria al Evangelio

J. AYODEJI ADEWUYA

CASCADE *Books* • Eugene, Oregon

LA SANTIDAD EN LAS CARTAS DE PABLO
La Repuesta Necesaria al Evangelio

Copyright © 2019 J. Ayodeyi Adewuya. All rights reserved. Except for brief quotations in critical publications or reviews, no part of this book may be reproduced in any manner without prior written permission from the publisher. Write: Permissions, Wipf and Stock Publishers, 199 W. 8th Ave., Suite 3, Eugene, OR 97401.

Wipf & Stock
An Imprint of Wipf and Stock Publishers
199 W. 8th Ave., Suite 3
Eugene, OR 97401

www.wipfandstock.com

PAPERBACK ISBN: 978-1-5326-9610-7
HARDCOVER ISBN: 978-1-5326-9611-4
EBOOK ISBN: 978-1-5326-9612-1

Manufactured in the U.S.A.

A menos que se indique lo contrario, las citas bíblicas han sido tomadas de LA BIBLIA DE LAS AMÉRICAS © Todos los derechos reservados 1986, 1995, 1997 The Lockman Foundation. Usadas con permiso.

www.biblegateway.com

Las citas marcadas RVR60 han sido tomadas de la Santa Biblia Reina-Valera © 1960 Sociedades Bíblicas en América Latina; © renovado 1988 Sociedades Bíblicas Unidas. Utilizado con permiso. Reina-Valera 1960™ es una marca registrada de la Sociedad Bíblica Americana.

Las citas bíblicas marcadas RVR 1995 han sido tomadas de la Santa Biblia Versión Reina-Valera 1995. Todos los derechos reservados. © Sociedades Bíblicas Unidas, 1995, 2009, 2011. Usada con permiso.

Al único y santo Dios que llama su pueblo a la santidad.

Tabla de Contenido

Prefacio vii
Agradecimientos xiii
Abreviaturas xiv
Capítulo 1
El Punto de Partida 17
Capítulo 2
La Santidad en Romanos 41
Capítulo 3
La Santidad en 1 Corintios 65
Capítulo 4
La Santidad según 2 Corintios 95
Capítulo 5
La Santidad según Gálatas 123
Capítulo 6
La Santidad en Efesios 139
Capítulo 7
La Santidad en Filipenses 153
Capítulo 8
La Santidad en las Epístolas a los Colosenses y Filemón 169
Capítulo 9
La Santidad en 1 y 2 Tesalonicenses 188
Capítulo 10
La Santidad en las Epístolas Pastorales 203
Capítulo 11
Unamos las Piezas 217

Prefacio

Un libro es semejante a una persona en que tiene su propia historia. Mi trasfondo de santidad-wesleyana ha jugado un papel muy importante en mi vida, cautivándome con el tema de la santidad. Este interés académico surgió mientras completaba mi grado doctoral en estudios bíblicos. Mi plan era redactor una tesis sobre el uso de *agios* ('santo') y sus sinónimos en las epístolas Paulinas, pero terminé descartándolo. Sin embargo, mientras investigaba ese tema no encontré un libro que resumiera la perspectiva de Pablo acerca de la santidad o la santificación. Lo cierto es que, la mayoría de los materiales publicados lo ha tratado como si fuera un apéndice de la justificación en secciones titulada «vida cristiana», «justicia», «moralidad» o «ética», como si fuera un tema secundario dentro de la teología Paulina. O, en el mejor de los casos, ha sido tratado como parte de sus enseñanzas acerca de la salvación[1]. En resumidas cuentas, las discusiones sobre las perspectivas de Pablo acerca de la santificación o santidad solamente aparecen en estudios sobre temas más amplios.

Puesto que la mayoría de los pasajes del Nuevo Testamento que tocan el tema de la santidad pertenecen al corpus Paulino, es menester tratarlo por separado y con mayor interés del que ha recibido hasta ahora[2]. No obstante, debemos aclarar

---

[1] Pudiera decir que lo más cercano al pensamiento de Pablo sobre este tema son las entradas de los diccionarios teológicos.

[2] De ninguna manera estoy insinuando que ningún libro jamás ha sido dedicado al tema de la santidad dentro de las epístolas Paulinas. Mi argumento es que debe ser tratado como una categoría aparte y con la misma atención dada a sus otros temas.

PREFACIO

que la importancia de este estudio no está en cuán abarcador sea sino en su aportación a la investigación.

Si bien es cierto que la santificación/santidad está vinculada con la moralidad y ética, hay que ponerlo dentro de su justa perspectiva. La santificación es como la base del edificio de la moralidad y la ética. Por consiguiente, no debemos confundirla con ninguna de las anteriores porque *va más allá*.

De las epístolas Paulinas se desprende que Pablo está preocupado por la santidad, haciendo hincapié en su significado para el pueblo de Dios y qué es vivirla[3]. Puede decirse que sus inquietudes envuelven tanto el *intra* (adentro) como el *entre* de las relaciones cristianas. Por consiguiente, este libro examinará el motivo subyacente y recurrente de las epístolas canónicas atribuidas a Pablo[4].

Pablo nos presenta un sinnúmero de facetas de la naturaleza de la santidad. Más adelante veremos que traza un vínculo explícito entre la santidad y la separación. Aunque se trata de una de las características de Dios, también es el atributo y llamado de su pueblo.

¿Qué significa la santidad?

La discusión del tema de la santidad trae a colación su significado. Cada uno de sus aspectos ha sido enfatizado de varias maneras. Su definición ha dependido en gran medida de los supuestos teológicos y las tradiciones de fe de los intérpretes. Petersen lo resume de la siguiente manera,

---

[3] 2 Co 11: 2; Col 1: 27

[4] Estoy al tanto e involucrado en las conversaciones constantes sobre la falta de consenso en cuanto a la autoría de algunas de las epístolas canónicas atribuidas a Pablo, en particular Efesios, Colosenses, las Epístolas Pastorales y 2 Tesalonicenses. Este libro no entra en esa discusión.

LA SANTIDAD EN LA CARTAS DE PABLO

Los escritores tienden a enfocarse en ubicar la santidad dentro de determinado marco teológico, en lugar de dejar que la prueba bíblica hable por sí misma[5].

Sin embargo, tales acercamientos nunca han articulado claramente qué es la santidad, dando como resultado una dicotomía falsa entre una postura o estado. Por un lado, al verse como postura, limita el valor de la dignidad personal o su componente ético. Por el otro, al entenderse como estado se exagera su aspecto ético, llevándola casi al borde del legalismo. En este sentido, se enfatiza la experiencia individual y subjetiva de la santificación. Como veremos, aunque la santidad es personal, ciertamente nunca es individualista; no trata solamente del «yo» o «mí mismo». Antes bien, es relacional.

Si bien es indiscutible que la santidad de Dios y su relación con los dos sienta la base de la santidad de los creyentes, no debe suponerse que uno tenga precedencia sobre el otro. Más bien, mientras que el aspecto definitivo domina ciertos pasajes, la dinámica lo hace en otros. No obstante, las Escrituras evidencian que es una percepción falsa. Los aspectos dinámicos y definitivos son cruciales y esenciales.

Por consiguiente, la santidad dentro de su justa perspectiva es una experiencia definitiva- dinámica constante. Ni la sanidad posicional ni la ética no son mutuamente excluyentes. Pablo jamás hubiera concebido que fuese posible ser santo dentro de las relaciones personales sin también, serlo en la ética. Esa dicotomía falsa contradice el pensamiento del apóstol. Cualquier concepto de la santidad que enfatice la experiencia personal e individual a expensas de la comunal más que miope sería una gran injusticia contra el concepto Paulino de la santificación, sobre todo en vista de las exhortaciones que escribe en sus epístolas a sus diferentes congregaciones.

---

[5] Petersen, *Possessed by God*, 16.

PREFACIO

El concepto Paulino de la santidad, tal y como este libro sugiere, es fundamentalmente comunitario. Mackay bien ha observado que «individualmente nos hemos relacionado con Cristo, pero no podemos vivir "en Cristo" por nuestra cuenta». Dios no está santificando a cada persona por separado, lo cual ciertamente hace, sino que está formando un pueblo santo[6].

La santidad es multifacética. Pablo enseña que tiene varios aspectos, ninguno de los cuales debe ser aislado de los demás. De modo que la intérprete debe evitar la tentación de «definir el todo con solamente una parte».

¿Cómo debemos proceder?

Cabe señalar la importancia de los tres factores que determinarán el procedimiento a seguir durante el examen del concepto de la santidad en los escritos Paulinos. En primer lugar, debe reconocerse que estas epístolas no fueron en el vacío. Antes bien, surgieron como respuestas concretas o instrucciones para las necesidades explícitas de determinadas personas, quienes residían en lugares específicos. Por consiguiente, aunque Pablo transmite su mensaje de santidad con ciertas palabras y un vocabulario común en las iglesias, lo matiza de seis maneras distintas para atender las necesidades y singularidades explícitas de cada una de estas comunidades.

En segundo lugar, hay que tomar en cuenta el uso de terminologías, conceptos y motivos distintos. Esto no solamente presenta la dificultad de entender cómo están relacionados entre sí, sino también, obliga a que tracemos un cuadro coherente de qué significa la *santidad* dentro de las epístolas Paulinas.

En tercer lugar, el uso de un vocabulario común, como *agios* ('santo') y sus cognados, dicta que el intérprete examine cómo Pablo lo utiliza en contextos diferentes y qué aporta al análisis del concepto Paulino de la santidad. Como vemos, el

---

[6] Cita de Hunter en, *Interpreting God's Gopel*, 100.

análisis de los textos en donde aparece la palabra, que comúnmente ha sido traducida como 'santidad', es incompleto y artificial porque los conceptos de *santidad* o *santificación* suelen estar implicados, aunque el vocabulario haya sido omitido.

Por lo tanto, conviene que expandamos el análisis de la *palabra* a los textos que discuten el *concepto*. Tal será nuestra tarea al enfocarnos en el concepto de la santidad dentro de los libros canónicos de Pablo —una santidad que está fundamentada (y cuyo «punto de partida») es— la revelación de la santidad de Dios en el Antiguo Testamento.

Algunos de los capítulos de este libro han sido publicados en otros medios, aunque aquí aparecen con algunas revisiones. Parte del capítulo 2 está basado en mi libro anterior, *Transformado por la gracia: perspectivas Paulinas de la santidad en Romanos 6 al 8* (Eugene, Oregon: Cascade, 2004). Partes de los capítulos 1, 3, y 4 han sido tomados de mi libro, "Holiness and Community in 2 Corinthians 6:14-7:1: Pablo's View of Communal Holiness in the Corinthian Correspondence" (New York: Peter Lang, 2001) y mi ensayo "Holiness in 2 Corinthians: The People of God in a Pluralistic Society", publicado en "Holiness and Ecclesiology in the New Testament", editado por Kent Brower y Yy Johnson (Grand Rapids: Eerdmans, 2007, 201-18). Los argumentos del capítulo 5 fueron publicados por primera vez en el ensayo titulado, "Passover, Pentecost and Parousia: Studies in Celebration of the Life and Ministry of R. Hollis Gause", (JPTSS 35, 2010, 90- 105), aunque este libro toma en cuenta los estudios recientes y, por ende, resulta en una mejor presentación.

Agradecimientos

Este libro fue hecho posible por las contribuciones de muchas personas. Agradezco a la administración del Seminario Teológico Pentecostal el haberme aprobado una sabática de seis meses para que completara el libro. También, agradezco al Centro de Investigaciones de Manchester Wesley, en la ciudad de Didsbury, en donde llevé a cabo la investigación. Estoy profundamente agradecido de mis estudiantes del Seminario Teológico Pentecostal, quienes sirvieron de laboratorio para este libro con el curso de «La santidad según Pablo». El diálogo y la discusión de muchos de los asuntos pertinentes a la santidad afilaron mis ideas al respecto.

Agradezco de manera especial a ciertas personas que leyeron partes o todo el libro, tales como Daniel Darko, Brian Tucker, Michael Gorman, Lee Roy Martin, Craig Keener, Tony Ritchie, Terry Jensen y Jerry Sumney. Sus comentarios penetrantes han enriquecido este libro. Sin embargo, soy el único responsable tanto por el contenido como los errores que encuentre en el contenido.

También, estoy muy agradecido del Seminario Teológico Asbury por haberme acogido como investigador visitante, darme hospedaje libre de costo y acceso a su biblioteca.

No puedo pasar por alto a mi esposa, Grace y nuestros hijos, Toluwalope, Iyanuloluwa, Ruth y Jonathan. También, está nuestra nuera, Kellie. Cada uno de ellos me ha alentado grandemente. Su interés hizo la diferencia.

Abreviaturas

ACNT	Augsburg Commentaries on the New Testament
BAGD	Walter Bauer, Frederick W. Danker, W. F. Arndt, y F. W. Gingrich, *A Greek-English Lexicon of the New Testament Other Early Christian Literature*, 3rd ed. Chicago: University of Chicago Press, 2000.
BETL	Bibliotheca Ephemeridum Theologicarum Lovaniensium
BJS	Brown Judaic Studies
BNTC	Black's New Testament Commentaries
BZAW	Beihefte zur Zeitschrift für die alttestamentliche Wissenschaft
EDNT	Exegetical Dictionary of the New Testament
HNTC	Harper's New Testament Commentary
ICC	International Critical Commentary
JBL	Journal of Biblical Literature
JPTS	Journal of Pentecostal Theology Supplement Series
JSNT	Journal for the Study of the New Testament
JSNTS	Journal for the Study of the New Testament Supplement Series
JSOT	Journal for the Study of the Old Testament
JSOTS	Journal for the Study of the Old Testament Supplement Series

Abreviaturas

LHBOTS	Library of Hebrew Bible/Old Testament Studies
LNTS	Library of New Testament Studies
LXX	The Septuagint
MNTC	The Moffatt New Testament Commentary
MT	The Masoretic Text
NICNT	New International Commentary on the New Testament
NIGTC	New International Greek Testament Commentary
NTD	Das Neue Testament Deutsch
NTS	New Testament Studies
OTL	Old Testament Library
RSV	Revised Standard Version
SNTS MS	Society for New Testament Studies Monograph Series
TDNT	Theological Dictionary of the New Testament
TNTC	Tyndale New Testament Commentaries
WBC	Word Biblical Commentary
ZAW	Zeitschrift für die alttestamentliche Wissenschaft
ZNW	Zeitschrift für die neutestamentliche Wissenschaft

Capítulo 1

El Punto de Partida

La vida, el ministerio y la teología de Pablo no surgieron del vacío. Sin embargo, tendemos a obviarlo. En este caso, si queremos entender su mensaje, debemos examinar las influencias socioculturales y religiosas que moldearon su pensamiento acerca de la santidad.

Pablo vivió como judío en el mundo grecorromano, durante el período del judaísmo del Segundo Templo. Como judío, su teología parte de las escrituras del Antiguo Testamento. En términos generales, estas referencias pesan sobre su perspectiva y él mismo da por sentado que sus convertidos las aceptarán como autoritarias. La Escritura es, por lo tanto, una parte importante de lo que tanto él como sus seguidores deben conocer y reconocer como la autoridad. Sus exhortaciones e instrucciones doctrinales están arraigadas al Antiguo Testamento, cubriendo una veintena de temas que, explícita o implícitamente, reflejan su influencia. La santidad es uno de estos temas.

Según Pablo, un solo Dios está trabajando en ambas edades (AT y NT) y los patrones de sus obras en el pasado eran prototipos de sus obras presentes y futuras. Por lo tanto, está siguiendo el ejemplo del propio Antiguo Testamento cuando lo utiliza para ilustrar las obras presentes y futuras de Dios. Tomemos, por ejemplo, el éxodo de Egipto, el cual establece el patrón para el retorno del cautiverio —el nuevo Éxodo (véase Is

43: 16-20). Para Pablo, la Escritura es central y formativa al contrario de periférica o ilustrativa.

El Antiguo Testamento es importante porque registra la obra creadora, electiva y redentora de Dios. Richard Hays lo expone de esta manera: «las cadencias y el vocabulario de la Escritura, particularmente de la LXX, están profundamente grabadas en la mente de Pablo, y las grandes historias de Israel continúan sirviéndole como un fondo de metáforas y símbolos que condicionan la manera en que ve al mundo, la promesa de Dios de que libertaría a su pueblo y hasta su propia vocación e identidad. Su fe, sin duda, es articulada intertextualmente y su producción literaria está constituida por 'el tema obligatorio' de las Escrituras de Israel[7].

La Septuagésima (conocida como la LXX) era la Biblia de todo el mundo y una característica importante del judaísmo de la diáspora del tiempo de Pablo. Aunque fue escrita en el griego común, retuvo su sabor hebreo, siendo fácil de entender para quienes la escuchaban leída o citada en la sinagoga. Parece que Pablo (cuya obra misionera mayormente estuvo enfocada en congregaciones predominantemente gentiles en Asia menor y Grecia) leía y citaba las Escrituras en griego, la lengua común del imperio oriental en su tiempo. Por consiguiente, no sorprende que la Septuagésima sea la fuente de la mayoría de sus citas del AT[8].

Cada vez que Pablo cita el Antiguo Testamento en sus cartas, está usando la LXX, modificando sus mensajes y lecciones según sea el caso. Además, su uso de *agios* y sus derivados (santo, santidad, santificación, etc.) es esencialmente similar al que encontramos en la Septuagésima, la cual sigue el patrón del

---

[7] Hays, "Echoes of Scripture", 17.

[8] Ibíd, xi. Véase además, Silva, "Old Testament in Paul," 630-42. Este hace una lista de todas las citas de Pablo del Antiguo Testamento comparándolas con su trasfondo en la LXX y MT, llegando a la conclusión de que «Pablo frecuentemente opta por la LXX en lugar del hebreo».

LA SANTIDAD EN LA CARTAS DE PABLO

Antiguo Testamento en su uso de la palabra hebrea para «santo» (*kadosch*)[9].

Tanto en la Septuagésima como en el Antiguo Testamento, *agios* es utilizado de varias maneras. A veces, tiene un significado cualitativo como en el sentido de contrastar 'lo que es santo' con lo profano (véase Ez 22: 26; 44: 23). En otras ocasiones connota una pertenencia. Israel es santo como pueblo de Dios (véase Jr 2: 3). Si bien no podemos atribuirle todo el significado de «santidad» a una palabra[10], nótese que *kadosch*, traducida como 'agios' en la Septuagésima y el Nuevo Testamento, es el vocabulario que el Antiguo Testamento usa para «santidad»[11].

El estudio de *agios* y sus derivados en la LXX revela que el concepto de la santidad transmite algo más que un sistema de separación. En cambio, encontramos varios cuando se refiere a Dios, personas, lugares y objetos. De igual manera, Pablo varía tanto el lenguaje como la expresión del concepto de la santidad en sus epístolas. Hasta tiene un matiz ético. Por lo tanto, debemos analizar el significado de *kadosch* en el Antiguo Testamento.

LA SANTIDAD EN EL ANTIGUO TESTAMENTO

Muchos eruditos han afirmado correctamente que el Nuevo Testamento heredó los conceptos y las categorías de la santidad del Antiguo Testamento[12]. Dado que Pablo funda sus enseñanzas

---

[9] Cf. Gehman, "Αγιος in the Septuagint," 337-48. Véase Capítulo 5.

[10] Brower, "Holinees in the Gospels," 16, señala acertadamente que «el concepto de la santidad es demasiado grande como para limitarlo al estudio de una palabra. Santidad es el lenguaje del pueblo de Dios, una noción que define el carácter esencial del pueblo de Dios».

[11] Esta palabra no aparece en Gálatas. Sin embargo, sería un error concluir que nada de lo que dice está relacionado con la santidad. CF. Brower, "Holinees in the Gospels", 16, en su búsqueda de palabras clave como «santidad» y «santificación» en los evangelios, concluye acertadamente que… «la ausencia de la palabra no implica la ausencia del pensamiento». Lo mimo aplica a otros escritos del Nuevo Testamento.

[12] Harrington, "Holiness", 12. Véase Purkiser, "Exploring Christian Holiness", 33: «El Antiguo Testamento no expresa la totalidad de ninguna de las doctrinas bíblicas. Por el otro, todas las doctrinas bíblicas están fundadas

EL PUNTO DE PARTIDA

sobre el Antiguo Testamento, tenemos que estudiar lo que dice acerca de la santidad para Dios y su pueblo[13].

La santidad de Dios

Este estudio debe empezar con la santidad de Dios. Lipka señala al respecto que «en la Biblia hebrea, la santidad está intrínseca a Dios. Dios es el Santo *por excelencia* que tiene el poder exclusivo de santificar a otros»[14]. Esta añade que «además de ser la fuente de la santidad, nadie puede acercársele sin ser santo»[15]. No obstante, debemos partir de la pregunta de a qué estamos refiriéndonos cuando decimos que *Dios es santo*.

Dios dice sobre sí mismo que es Santo en varios pasajes del Pentateuco. Además, encontramos incidentes en los que una persona o un grupo violó su santidad. La afirmación, «Dios es santo», se refiere a su naturaleza[16]. Cabe preguntarse de qué manera pudiera expresarse el significado de la declaración, pero es difícil de saberlo porque el Pentateuco no hace comentario alguno al respecto. En cambio, encontramos una manifestación de la naturaleza santa de Dios.

El Dios Santo se revela en sus acciones y las exigencias que le impone a su pueblo. Esta imprecisión (sobre todo en

---

sobre el Antiguo Testamento. No podemos leer el significado del Nuevo Testamento en el Antiguo Testamento. Pero, tampoco debemos ignorar que es el fundamento de la fe cristiana».

[13] Para un estudio exhaustivo de la naturaleza de la santidad en el Antiguo Tesamento, véase (entre otros) Gammie, "Holiness in Israel"; Jenson, "Graded Holiness"; Neusner, "The Idea of Purity in Ancient Judaism", el cual incluye la crítica y el comentario de Mary Douglas, 137-42; Eilberg-Schwartz, "Savage in Judaism", 177-216; Houston, "Purity and Monotheism"; Sawyer, "Reading Leviticus".

[14] Lipka, "Profaning the Body", 90.

[15] Ibíd. Su argumento principal acerca del vínculo entre la santidad personal y el uso del cuerpo es similar a los expuestos por Pablo en varios de sus escritos. Por ejemplo, véase 1 Co 6: 12-20; 1 Ts 4: 5.

[16] Eichrodt, "Theology of the Old Testament", 274 dice, santo «significa lo que distingue a Dios, su naturaleza».

cuanto a la pureza) ha llevado a que muchos eruditos lo definan como una 'otroredad', restándole a sus matices morales o éticos[17]. Sin embargo, estudios recientes han demostrado que *santidad* siempre ha tenido un matiz ético, incluso cuando describe a Dios[18]. Por ejemplo, a raíz de los preceptos del capítulo 19 de Levítico, alguien pudiera concluir que la santidad de Dios se refiere a la justicia. Como escribe Vriezen,

> La literatura sacerdotal vincula la santidad de Dios con la justicia, como se ve en Lev Xix. «Sed santo porque yo soy santo» es la introducción y conclusión de un sinnúmero de mandamientos, sobre todo los de carácter moral...[19]

Según Snaith, quien define la santidad en términos de «otredad», «Dios es santo» significa que es «el único Dios verdadero, separado, diferente y distinto»[20]. A esa conclusión llegaría cualquiera que leyera Levítico capítulo 18 versículos del 1 al 5 o del capítulo 20, del 22 al 26, los cuales mandan que Israel sea un pueblo distinto y separado, diferente de los demás. Empero,

---

[17] cf. Ringgren, "Prophetical Conception of Holiness", 3; Whitehouse, "Holiness: Semitic", 758: «Si nos remontásemos a los orígenes históricos del concepto de la santidad entre los semitas, encontraríamos que carece de cualidades éticas... Los elementos éticos de su contenido fueron añadidos durante la evolución de la idea que fue atada a este término». Otto desarrolló este tema en su "Idea of the Holy". Si le interesa un análisis y una crítica reciente de la obra de Otto, véase Raphael, "Rudolf Otto".

[18] cf. Harrington, "Holiness", 11– 44; Raphael, "Rudolf Otto", 130; Hrobon, "Ethical Dimensions of the Cult", 43: «La transformación profética de la idea de Dios no llevó a que la santidad adquiriera una noción ética, sino que probablemente fue el resultado de evolución profética de la idea de cómo el ser humano debía de responder a la santidad de Dios».

[19] Vriezen, "Old Testament Theology", 159. Véase además, Jensen, "Ethical Dimensions", 29. Este sugiere acertadamente que si tomásemos la dimensión de la Ley como horizontal y de la ética como vertical, «las dimensiones verticales y horizontales van de la mano, ambas son expresiones idénticas de la voluntad de Dios; lo que a su vez, significa que, si se carece de la dimensión horizontal (justicia social, etc.), la dimensión vertical (adoración, sacrificio) sería imposible».

[20] Snaith, "Levitcus and Numbers", 122.

este enfoque sirve solamente como una descripción de la santidad de Dios. Por lo tanto, no podría hablarse de «ser 'santo' con respecto a Dios es...». De hecho, el Pentateuco describe la *santidad* de Dios como absoluta; es decir, no está atada a un objeto o persona. No explica a qué está refiriéndose cuando dice: «Yo soy Santo». Se limita a afirmar su santidad —es indefinida, libre de categorías o circunscripción. Y lo que se dice de su santidad aplica a su carácter. Tal y como E. Jacob indica: «La santidad es no una de las muchas cualidades divinas ni siquiera la principal porque expresa lo que distingue a Dios y corresponde precisamente con su deidad»[21]. De hecho, el análisis de los escritos de los profetas tampoco rinde una definición explícita de la santidad de Dios que no sea «santa es la Deidad».

Levítico capítulo 10 versículo 3 ofrece una segunda serie de referencias a la santidad de Dios, cuando este declara, «Como santo seré tratado por los que se acercan a mí»; además, el Deuteronomio 32 versículo 51 y Números 20 versículo 12, y 27 versículo 14, en donde Dios condena a Moisés: «... porque no me santificasteis en medio de los hijos de Israel». Levítico 10 del versículo 1 en adelante relata que Nadab y Abiú «ofrecieron delante del Señor»[22], por lo que fueron incinerados.

Moisés cita a Dios: «Como santo seré tratado». El contexto sugiere una obediencia explícita —los mandamientos de Dios no son opcionales para sus siervos (véase Lv 18: 4-30; 22: 9)[23]. Nótese que el capítulo 10 de Levítico versículos 6, 9-11 y 12-15 no limita esta obediencia a los mandamientos a Aarón y los sacerdotes, sino que todo el pueblo debe escucharlos y obedecer-

---

[21] Cit. abierta, 86. Cf. Eichrodt, "Old Testament Theology", 274: *santo* «... cobra el significado del distintivo de Dios, su naturaleza».

[22] Lv 10: 1 LBLA; MT = 'extraño': *esh zaráh*.

[23] Como Jenson, "Graded Holiness", 121-122, señala, «los hijos del sumo sacerdote tenían parte de su preeminencia y ciertas responsabilidades». Añade, «la muerte de Nadab y Abiú [Lv 10.1-3] destaca que estas responsabilidades implican una desobediencia terminante, la que conlleva unas sanciones divinas».

LA SANTIDAD EN LA CARTAS DE PABLO

los en su totalidad (véase Lv 10: 11). Los desobedientes deben estar preparados para soportar las consecuencias.

Si bien estos dos israelitas pensaron que nada les pasaría si no seguían las instrucciones de Dios, este se presenta como aquel que castiga a cualquiera que no acate sus exigencias[24]. Al Dios decir que «como santo seré tratado», está declarando que dentro de su naturaleza no existe ambigüedad ni fluctuación alguna sobre lo que espera del pueblo que ha escogido para que cumpla sus mandamientos. Se revela ante Israel como el Santo cuyos decretos no serán abrogados[25].

El segundo grupo de pasajes plantea la siguiente pregunta: ¿A qué está refiriéndose cuando dice, *como santo seré tratado por los que se acercan a mí, y en presencia de todo el pueblo seré honrado*? Las sugerencias propuestas giran en torno a la naturaleza del pecado de Moisés de n haber tratado a Dios como santo[26]. Snaith[27], ha resumido esta variedad de opiniones, añadiendo que algunos eruditos leen duda o falta de voluntad, cuando Moisés declara, «¿Sacaremos agua...?» o «¿Acaso tenemos que sacarles agua...?» (NVI), con respecto al mandamiento de Dios. Esto es poco probable ya que ni este ni otros pasajes comentan que Moisés haya dudado del poder de Dios para saciar la sed de los israelitas.

---

[24] Como Hartley, "Leviticus", 308, señala: «El pueblo debe respetar la presencia del Dios santo obedeciendo entusiasta y devotamente sus decretos (19: 2b). La obediencia fiel honra a Dios. Cuando el pueblo honra a Dios, este se manifiesta en medio de ellos para santificarlos (20: 8; 21: 8). Su conducta no debe profanar su morada. Cada transgresión de la Ley deshonra su nombre, es decir, mancha su reputación».

[25] Cf. Marsh, "Numbers", 272: «Tan pronto se da por sentado que el ser humano tiene que obedecer a Dios, los líderes de la religión tienen que atenerse a los estándares más elevados. Su laxitud menoscabaría la autoridad de Dios», y también su santidad.

[26] Cole, "Numbers", 327-29.

[27] Marsh, "Numbers", 239.

EL PUNTO DE PARTIDA

Más aún, Moisés no dudaría del Dios que hasta ese momento había manifestado su poder de muchas maneras para librar a Israel. Sus palabras tampoco reflejan vergüenza. A lo sumo, el uso de la expresión *benéi méri* (literalmente 'hijos rebeldes' o «rebeldes») podría interpretarse como una declaración contundente, que refleja un grado de coraje. Aun así, tómese en cuenta que Moisés estaba en lo cierto. Estaba admitiendo que Israel ciertamente se había sublevado en su contra (Nm 20: 3-5).

Entonces, puede que el pecado de Moisés haya sido la manera en que habló y actuó, esto es, con coraje. El punto es que Dios espera que sus siervos y siervas acaten sus mandamientos al pie de la letra; no están en libertad de añadirles ni modificarlos, sino de llevarlos a cabo. Al Moisés desobedecer a Dios, perdió la oportunidad de comunicarle al pueblo que su Dios siempre sería fiel a su pacto y que exigía su obediencia absoluta[28].

En Levítico 10, Números 20 y 27, y Deuteronomio 32, vemos a un Dios Santo que no permite ninguna desviación de sus ordenanzas ni suposiciones acerca de su autoridad. Nadab y Abiú actuaron en el momento equivocado y fuera de orden. Moisés cometió erró doblemente con sus acciones (al golpear en lugar de hablarle a la peña) y discurso (no tenía que condenar al pueblo)[29].

Dios, quien prometió que cuidaría a Israel, manifiesta su santidad de dos maneras. En primer lugar, provee el agua a pe-

---

[28] Moriarty, "Numbers", 93, sugiere que, si Moisés hubiera seguido las instrucciones de Dios, habría resaltado más el poder de Dios sobre la naturaleza que su «eterna providencia». Empero, con su coraje y sarcasmo «... ambos líderes cambiaron el tono que Dios quería darle a la ocasión. En lugar de convertirla en una manifestación gozosa del poder divino sobre la naturaleza, la convirtieron en una protesta amarga».

[29] Arden, "How Moses Failed God", 50-52, sugiere que Moisés supuso que Dios estaba enojado con los israelitas, pero el texto no sostiene dicha suposición. La sugerencia de Arden (de que Moisés blasfemó en contra de Dios) sería meritoria si el «sacaremos» de 20: 10 estuviera refiriéndose a Dios y Moisés, en lugar de a Moisés y Aarón, como se desprende del texto y de mi interpretación.

sar de la desobediencia de Moisés. Por consiguiente, «su bondad» demuestra su santidad porque suplió las necesidades de su pueblo. Como Harrington comenta, «sin bondad o justicia activas no sería santidad»[30]. En segundo lugar, castigó a Moisés por su desobediencia. Según el relato, Dios «manifestó su santidad entre ellos» por medio de estas acciones (Nm 20: 13b). «Manifestó su santidad entre ellos» demostrándoles su habilidad y disposición de cuidar a Israel y que sería tratado «como santo» al negarse a que los desobedientes quedaran impunes[31].

En Levítico capítulos 22 versículo 2 y 32 y 20 versículo 3, Dios hace advertencias «para que no profanen mi santo nombre». El nombre por el cual ha escogido revelarse a Israel («el Señor» YHWH) es su propiedad exclusiva. Esta frase («Mi Santo Nombre") es más amplia que el título de «Dios», el cual es exclusivo del Dios de Israel. Dios está diciendo: «No me profanarán, al único Santo». En el pensamiento del Antiguo Testamento, el nombre es sinónimo del carácter de la persona[32]. Por consiguiente, Dios está nombrándose a sí mismo y su carácter como santos. Así queda explicitado cuando afirma «yo, el Señor vuestro Dios, soy santo» (p. ej., Lv 11: 44; 19: 2; 20: 26; 21: 8).

En resumen, el Pentateuco revela dos líneas de pensamientos acerca de la santidad de Dios. En primer lugar, Dios se proclama a sí mismo como santo; es una expresión de su esencia. No está declarando a qué se parece, sino quién es. En se-

---

[30] Harrington, "Holiness", 27.

[31] Cole, "Numbers", 329: «Dios comprueba su misericordia y gracia en que, a pesar de las acciones de Moisés, el agua brotó de la peña. Cumplió su promesa de proveerles agua a raudales y Moisés fue el agente del milagro».

[32] Cf. von Rad, "Old Testament Theology", 181: «Según el pensamiento antiguo, un nombre no era solamente 'ruido': en cambio, estaba íntimamente vinculado con lo nombrado». Eichrodt, "Old Testament Theology", cita abierta, 178: «En ningún otro lugar es tan válido el *nomina sunt realia* que en lo concerniente al nombre divino en la antigüedad».

gundo lugar, *santo* solamente describe la naturaleza de Dios, tal y como se lo comunicó a su pueblo. En este sentido, denota su ser indefectible y constante.

Santidad: El Concepto Básico

La sección de la literatura del Antiguo Testamento que comúnmente es conocida como *Los profetas anteriores* (Josué, Jueces, 1 y 2 Samuel, 1 y 2 Reyes) presenta ejemplos en los cuales la aplicación de *kadosch-agios* no es uniforme, pero sí su concepto básico. Varios pasajes siguen al Pentateuco en su descripción de *santo* y el sistema de culto: santo es aquello que ha sido consagrado tanto para el encuentro o el uso de Dios o una manifestación divina.

Uno de estos objetos descrito como santo es el «pan de la Presencia o propiciación» (1 Sm 21: 4, 6). El pan era santo porque solamente podían comerlo los sacerdotes de Dios. Josué, en su discurso para persuadir a Israel, trata de describir a Dios con las siguientes ideas: «porque Él es Dios santo, Él es Dios celoso; Él no perdonará vuestra transgresión ni vuestros pecados» (Jos 24: 19; véase 24: 15 LXX). Según Josué, Dios es por naturaleza «santo» y «celoso». En el segmento anterior vimos que «santo» es una expresión de su esencia, pero en combinación con «celoso» denota que este Dios exige que su pueblo se aparte de los dioses extranjeros y lea fiel, y a la vez, que lo castigará y no lo perdonará si decide serle infiel.

Tanto este pasaje como Jos 24: 19; 1 Sm 6: 19-21; y 2 Sm 6: 7 puede ser contrastados con 1 Sm 2: 2, el cántico de Ana. En el anterior, Dios el Santo permanece aparte, inaccesible e infunde temor. Ana alaba a Dios como «Santo» porque es distinto de los otros dioses; sin embargo, el elemento del miedo está ausente. Ese contraste se debe a que Ana es una adoradora fiel que medita en la fidelidad de Dios hacia su pueblo, en lugar de sus celos e ira.

Por el otro lado, el capítulo 24 de Josué fue un discurso ante la asamblea del pueblo de Dios cuyos padres habían adorado a otros dioses (véase Jos 24: 14) y que todavía tenía ídolos paganos (véase Jos 24: 23). Este pasaje es semejante a otros en los que predomina uno de los temas de Deuteronomio: la insistencia en que el pueblo no imite la rebelión de sus antepasados, refiriéndose a la idolatría. Dios aborrece los ídolos; no permite que lo representen; ha reclamado a Israel como suyo (Dt 4: 20, aunque *kadosch* [se refiere a la palabra *santo*] no es usada, del pasaje se desprende que Israel es santo; véase 7: 6 y 14: 2); es su posesión, por lo tanto, no puede ser idólatra. De lo contrario, Dios lo consumiría con su fuego porque es celoso[33].

En cuanto a los llamados *santos*, la sunamita dice de Eliseo, «es un hombre santo de Dios» (2 R 4: 9). El texto no explica por qué lo veía de esta manera, aunque el título de «hombre de Dios» sugiere que era reconocido como profeta, en cuyo caso era sinónimo de santo[34]. En los Profetas Anteriores encontramos que *santificar* (o *consagrar*) describe el acto de designar a alguien para que ejerza cierto servicio o se acerque a Dios (Josué, Jueces, 1 y 2 Samuel, y 1 y 2 Reyes).

Después de la batalla de Jericó, debido a que Acán había tomado de los tesoros (*kerem*) de Dios, Josué debe preparar al pueblo para el juicio: «Levántate, consagra al pueblo y di: "Consagraos para mañana"» (7: 13). *Santificar* o *consagrar* connotan el prepararse para la confrontación con Dios (véase Nm 16: 16 LXX; Jl 1: 14; 2: 15-16).

Cuando Samuel fue a ungir al hijo de Isaí, dice a los ancianos de Belén: «Consagraos y venid conmigo al sacrificio» (1 Sm 16: 5a). Samuel «consagró también a Isaí y a sus hijos y los invitó al sacrificio» (1 Sm 16: 56b). Nótese que tanto este pasaje como Josué capítulo 7 versículo 13 evocan Éxodo 19: 10, 14 en adelante con su énfasis en la purificación personal y ceremonial previa al encuentro con Dios, pero no explican la naturaleza de

---

[33] Véase Dt 4: 5 – 24; 5: 9 [cf. Ex 20: 5; 29: 16 34: 14; 6: 10 – 15 – 24].

[34] Cf. Rowley, "Worship in Ancient Israel", 151, 159.

estos rituales. Cabe señalar que el profeta-sacerdote de Dios está a cargo de la ceremonia para la familia escogida.

Cuando el arca regresó a Israel (1 Sm 6), «los hombres de Quiriat-jearim, tomaron el arca del Señor y la llevaron a la casa de Abinadab en la colina, y consagraron a Eleazar su hijo para que guardara el arca del Señor» (1 Sm 7:1). Una vez más se omite el rito o el proceso de la consagración; el texto se limita a decir que Eleazar quedó a cargo del arca de Dios. El sacerdote de Nob le dice a David, «hay pan consagrado; siempre que los jóvenes se hayan abstenido de mujer»; éste responde que los cuerpos de sus jóvenes guerreros se habían mantenido puros (1 Sm 21: 4f.). Era un eufemismo de que se han abstenido de las relaciones sexuales y están puros.

La santidad definida como separación

Los ejemplos anteriores del uso de *kadosch* comprueban que el concepto de «santo» no tenía una connotación moral en el Israel antiguo. Las personas «santificadas» están listas para servir o encontrarse con Dios o con alguna manifestación divina, pero, con la excepción de los jóvenes de David, nada explica cómo fueron consagradas.

Cuando analizamos el uso de *kadosch* dentro del contexto del movimiento profético, encontramos que su significado es constante, aunque con ciertas variaciones de acuerdo con las circunstancias de la época. Esta coherencia básica se observa en el uso de *kadosch* en relación con aquello que ha sido separado para Dios.

En comparación con los profetas anteriores (Josué, Jueces, Samuel y reyes), los profetas del siglo XVIII enriquecieron significativamente la noción de *kadosch* vinculándolo con el nombre de Dios y el ámbito moral. Isaías y Miqueas son los únicos profetas pre-exílicos del siglo XVIII que atribuyen santidad a los objetos, refiriéndose a «los instrumentos de Dios o de su pueblo». Por ejemplo, Sion, la morada de Dios, es descrita como la ciudad o el monte santo (Is 11: 9; 27: 13).

LA SANTIDAD EN LA CARTAS DE PABLO

A lo largo de su historia, Israel ha confesado que Dios se ha dado a conocer en ciertos lugares tales como Betel, Silo, Gilgal, el Sinaí, etcétera. Sin embargo, de todos los lugares de la tierra prometida, Dios prefirió a Jerusalén para revelarse a la humanidad. Como tal, es santa. Sion fue santificada al Dios manifestársele a David (2 Sm 24: 15s.). Más adelante, Salomón lo escoge como el lugar del templo (véase 2 Cr 3: 1) en donde Israel celebrará sus ceremonias religiosas y orará a su Dios. Israel confiesa que Dios ha escogido a Jerusalén y que el Templo es su morada (1 R 8: 16 [LXX]; 9: 3; 11: 32, 36). Aclaremos que Israel está refiriéndose al nombre de Dios. El cielo es su morada *física* (véase 1 R 8: 27, 29). Sin embargo, Vaux aclara la opinión prevalente en esa época: «En el pensamiento semítico, el nombre expresaba y representaba a la persona: Dios estaba presente de una manera especial en dondequiera que estaba su 'Nombre'»[35]. Por consiguiente, tanto Jerusalén como el Templo eran santos[36]. Asimismo, también son santos el templo celestial de Dios (Mi 1: 2), «el Camino de Santidad» para los «rescatados del Señor» (Is 35: 8 — «el inmundo no transitará por él»), la mercancía de Tiro que será usada por el pueblo de Dios (Is 23: 18), la espada con la que el Señor matará al Leviatán (Isa 27: 1 [LXX]) y una particular fiesta en la noche (Is 30: 29).

Para este estudio, es importante el que los profetas vinculan la naturaleza de Dios con su exigencia de que Israel, su posesión, se comporte de cierta manera para que evite el castigo de la desobediencia. Éxodo, al igual que Levítico, se contenta con exigirle a Israel, «serviréis al Señor vuestro Dios» (Ex 23: 25a), junto con un sinnúmero de mandamientos sobre diversos temas, sin dar mayores razones aparte del carácter de Dio.

La Santidad de Israel

---

[35] De Vaux, "Ancient Israel", 327.

[36] Cf. Ackroyd, "Exile and Restoration", 249, n. 61 en donde discute el proceso histórico de la selección y el desarrollo de Jerusalén como ciudad santa.l

EL PUNTO DE PARTIDA

En Éxodo capítulo 19 versículos del 3 al 8, Israel es llamado a una relación especial con Dios descrita en tres frases: ser su especial tesoro entre todos los pueblos, un reino de sacerdotes y una nación santa. Tal y como los sacerdotes tenían que separarse del resto de la sociedad y vivir a la altura de la santidad de su pacto con Dios, Israel haría lo propio como pueblo de Dios, separado del resto de las naciones para servirle[37]. Deuteronomio capítulo 7 versículos del 6 al 8 hace hincapié en que como «pueblo de Dios» tiene que distinguirse del resto de los pueblos de la tierra.

Su conducta debe estar a la altura del Dios que lo ha redimido de entre las naciones y salvado de Egipto. Israel será un pueblo santo cuyo orden social debe distinguirlo de otras naciones. Como lee el versículo 11 de Deuteronomio 7: «Guarda, por tanto, el mandamiento y los estatutos y los decretos que yo te mando hoy, para cumplirlos».

Por consiguiente, la santidad de Israel tiene dos fundamentos: en primer lugar, Dios lo amó al escogerlo de entre las naciones para que fuera su pueblo. Como Jospe afirma: «Precisamente debido a que Israel tiene una relación especial, íntima con Dios es responsable de sus errores. Otros pudieran excusarse con que no sabían lo que estaban haciendo. Israel no tiene excusa alguna; el pueblo judío sabe más que eso»[38]. El pacto separa a Israel de las otras naciones. Era de esperarse que fuera «un reino de sacerdotes y una nación santa», según Éxodo capítulo 19 versículo 6. La santidad connota que algo es distinto, diferente o especial. Se refiere a la exclusividad de una relación en donde cada parte es «especial» para la otra parte y «distinta» de los demás.

---

[37] Childs, "Book of Exodus", 367.

[38] Jospe, "Concept of the Chosen People", 139. Véase además, Hogan, "Biblical Vision", 297.

LA SANTIDAD EN LA CARTAS DE PABLO

En Deuteronomio, la santidad de Israel radica que es el pueblo que Dios ha escogido como su especial tesoro (véase 7: 6; 14: 2) entre todas las naciones y como hijos e hijas (14: 1). Por consiguiente, tiene que separarse de las naciones y los pueblos de Canaán y obedecer totalmente a su Dios (véase 7: 9-14). Es decir, la obediencia no lo santifica, sino que su santidad hace que sea obediente porque es propiedad de Dios[39]. En segundo lugar, la santidad de Israel también depende de que viva de acuerdo con el orden social de Dios, el cual es diametralmente distinto del resto de las naciones. Levítico establece este vínculo de un modo incisivo[40].

Levítico es un libro de reglamentos que cubren una amplia gama de asuntos relacionados con los sacrificios, el sacerdocio y la pureza[41]. Levítico explica detalladamente las implicaciones de la santidad y, por ende, articula el medio para el mantenimiento de la relación de Dios con su pueblo[42]. Se comprueba que la pureza levítica no es una serie de sugerencias, sino de códigos regulados, porque incluye castigos para las transgresiones. En algunas de las violaciones de la pureza, la parte ofensora es identificada como «culpable» y tiene prescrito un acto de pu-

---

[39] Clements, "God's Chosen People", 32: «Israel es santo en virtud de su vínculo especial con Dios». Es decir, su relación con Dios determina su santidad. Sin embargo, como señala Clements, «Israel debe guardar la ley porque es el pueblo santo».

[40] Trevaskis, "Holiness, Ethics and Ritual in Leviticus", pone en tela de juicio que la llamada sección «sacerdotal» (P) de Levítico (Caps. 1-16) carezca de la dimensión ética que caracteriza las secciones de «santidad» (H) del libro (principalmente los Caps. 17-26). Este afirma que H y P concuerdan en que la santidad incluye la ética; la diferencia es que el requisito es implícito en P, pero explícito en H.

[41] La pureza está íntimamente vinculada con la santidad. Tal y como Gammie, "Holiness in Israel", 195, ha argumentado persuasivamente, «a través de las Escrituras hebreas, la santidad convoca a Israel a purificarse a sí mismo».

[42] Cf. Clines, "The Theme of the Pentateuch", 50. Este ha sugerido que la santidad es el tema de Levítico porque el libro le explica a Israel qué debe hacer para mantener su relación con Dios.

rificación (p. ej. 5: 6). Pero, en el caso de delitos más graves, se expone a «ser cortado» (excomulgado, socialmente proscrito; p. ej. 18: 29) o hasta ejecutado (20: 9).

Levítico capítulo 26 enumera lo que Dios ha promulgado como castigos para el pueblo si no cumple este sistema: enfermedad, derrota en la guerra, sequía, infertilidad de la tierra, plagas, bestias salvajes, hambre, exilio y terror. De modo que, las amenazas de exclusión social, muerte y desastre sirven como razones negativas para el cumplimiento estricto del código de pureza. El código funciona como un mapa de conformidad/desviación, identificando las señales de peligro para cada persona, la sociedad y el santuario. Pero, constantemente la naturaleza de Dios es resaltada para que los israelitas busquen la pureza, la santidad y se identifiquen a sí mismos como su pueblo: «Santificaos, pues, y sed santos, porque yo soy el Señor vuestro Dios. Guardad mis estatutos y cumplidlos. Yo soy el Señor que os santifico» (20: 7-8). Así pues, la pureza consta de unas acciones concretas que serán reciprocadas por Dios. En resumen, es personal, social y tiene dimensiones cósmicas.

El código de santidad

El estudio del código de santidad (HC, por sus siglas en inglés)[43], la sección del Pentateuco más explícita sobre el llamado de Israel como pueblo santo, amerita que tomemos en cuenta sus fundamentos. La principal característica del HC es su insistencia en que Dios es Santo; de hecho, es la sección del Antiguo Testamento que más enfatiza la santidad de Dios, como se nota en el uso de los derivados de la palabra. El estribillo es «hagan

---

[43] El *Código de santidad* cubre Levítico 17 al 26. El pacto incluye un mandato ético que requiere el saberse especial o distinto: el comportamiento tolerado en otros es inaceptable para el ser especial. Por lo tanto, este código comienza diciéndoles a los israelitas: «Seréis santos porque yo, el Señor vuestro Dios, soy santo». Por ejemplo, la Torá explicita que la santidad es la lógica del sistema de santidad es mencionada como la lógica de , por ejemplo, es la lógica sólo que se mencionan explícitamente en la Torá en la conexión con el sistema *kashrut* (leyes dietéticas).

esto o aquello porque yo el Señor vuestro Dios soy Santo». A esto añádase el sinnúmero de referencias a la santidad del santuario, el nombre de Dios y su santificación del pueblo y los objetos. De otra parte, el HC advierte del peligro inherente a la profanación de las cosas santas y la santidad de Dios (Lv 20: 3; 21: 6; 12).

Dios expresa su naturaleza más íntima y sus expectativas para el pueblo que ha reclamado como suyo en el capítulo 20 versículo 26 de Levítico. De sí mismo afirma: 1) Yo soy santo (20: 26a); 2) me he separado de las naciones (20: 26b); 3) los he apartado para mí (11: 45a; 20: 26b). Este argumento se repite en el capítulo 11 versículos del 44 al 45[44], pero añadiendo otras dos reflexiones: «Yo soy el Señor vuestro Dios» (11: 44a) y «os he hecho subir de la tierra de Egipto» (11: 45). En resumen, Dios le dice a Israel lo que debe ser y hacer a consecuencia de quién es él, sus obras y su relación con este pueblo; es decir, Israel tiene que imitar a su amo: ser santo. El texto de la segunda sección del versículo 45 atañe las exigencias de Dios a su propia naturaleza —de santidad— y ofrece tanto el fundamento como el estándar de lo que espera sea la naturaleza del pueblo que ha tomado para sí mismo.

Sin embargo, Israel no estaba separado físicamente del resto de los pueblos, en el sentido de que ninguno había sido aniquilado. A lo largo de su historia seguirá encontrando más pueblos y naciones de la tierra. Dios dice que lo ha separado de las naciones (v. 26b) refiriéndose a que, al momento de darle este mandamiento, Israel no se había mezclado ni se mezclaría con las naciones ni tampoco adoptaría sus costumbres (véase 20: 23). Dios dice que aborrece tales intercambios; son abominables. Si participaban en esas costumbres extranjeras, estarían desobede-

---

[44] Tal y como Houston, "Purity and Monotheism", 238, señala: «Levítico 20: 24–27, al igual que 11: 44–45, es parte de la reflexión teológica que ha convertido las leyes dietéticas en símbolos de la santidad de Israel».

EL PUNTO DE PARTIDA

ciendo sus mandamientos morales y religiosos y contaminados para las ceremonias. Dios está llamándolos a una separación (v. 26a) que se traduce en obediencia a sus mandamientos ceremoniales, éticos y religiosos (véase 20: 8a; 22: 31), y en que afirmen positivamente sus deseos.

La conducta hebrea, incluso dentro del marco ritual de Levítico, tiene un fundamento claro; estas enseñanzas son la voluntad de su Dios Salvador. Sin duda, la voluntad de Dios *fundamenta* los mandamientos Levítico 17 al 26. No obstante, hay que insistir en que muchos de sus requisitos tienen un contenido ético, por lo que, la persona santa es propiedad de Dios, lleva a cabo ciertas ceremonias y conduce sus relaciones interpersonales según las normas éticas de Dios. El mandamiento, «sed santos» resume o sirve de introducción a varias de las normas que rigen las relaciones humanas, sociales y familiares[45]. Aunque estos mandamientos son éticos, no exigen la pureza ritual o la limpieza asociada con el culto[46]. Antes bien, son derivaciones directas del Decálogo (los Diez Mandamientos) y como tales, expresan los mandamientos ético más excelsos del Antiguo Testamento.

Por consiguiente, lo que Dios manda a Israel en el *Código de la santidad* es que viva a la altura de la conducta ética y religiosa que le ha sido prescrita. Dios ha trazado las normas que expresan su voluntad y deseos para el pueblo que está creando y sustentando[47]. Su pueblo no modelará su comportamiento según las prácticas de los adoradores de cualquier otro dios. Por el contrario, Dios revela su mentalidad en el *Código de la santidad* en que el patrón para el comportamiento social del pueblo del

---

[45] Lv 19: 2, 11, 13, 15f., 17–18, 33, 35f.; 20: 7, 10, 11, 13, 14, 17, 19f.

[46] Cf. Harrington, "Holiness", 12: «El mandamiento de que Israel sea santo como Dios (Lv 19: 2) no pretende meramente que sea 'otro' ni 'poderoso'».

[47] Nótese que entre Lv 20: 7a «Santificaos, pues, y sed santos...» y 20:8b «Yo soy el Señor que os santifico» está «Guardad mis estatutos y cumplidlos» (20: 8a).

LA SANTIDAD EN LA CARTAS DE PABLO

pacto es más amplio que la estricta esfera de la adoración[48]. Dios crea, dirige e inspira una vida que incluye la justicia social, compasión y el cuido de los extranjeros y desfavorecidos. Por lo tanto, el HC constata que la santidad para Israel es tanto una relación como una responsabilidad— es una relación y un requisito.

Deuteronomio explica por qué Dios espera que Israel sea santo[49]. Moisés afirma, «vosotros sois hijos del Señor vuestro Dios» (14: 1), expresión que dentro del Antiguo Testamento solamente encuentra paralelismos en Éxodo capítulo 4 versículo 22 y Oseas 11 versículo 1.[50] Como hijos e hijas de Dios, no tienen otra relación más cercana, por lo que deberían de reflejar el carácter de su padre[51].

Tal y como Deuteronomio 26 versículos del 1 al 19 expresa claramente, si Israel reclama a Dios como su Dios, entonces, tiene que someterse a sus mandamientos. Dentro de este

---

[48] Eichrodt, "Old Testament Theology", 17: «. . . Santidad de por sí... se convierte en una condición, una cualidad personal. El hombre que pertenece a Dios debe poseer una naturaleza en particular que muestre tanto interna como externamente una pureza moral y ritual, como corresponde con la naturaleza del Dios Santo (Lvv 19,2... Lv 17-26)». Cf. Jacob, "Theology of the Old Testament", 92: «Siguiendo el ejemplo de la santidad divina (cf. Lv 19: 2, 20: 7; 21: 8; 22: 9, 31), el hombre tiene que ser santo, ... implica deberes en el culto y una actitud personal...».

[49] Cf. Childs, "Biblical Theology", 139: «La teología de Israel como pueblo de Dios está desarrollada en el libro de Deuteronomio. Se enfatiza la solidaridad de 'todo Israel', tanto en singular como plural. Dios ha escogido a ese pueblo para que sea diferente de las naciones, santo para Dios». Así también Wright, "People of God", 261: «El libro de Deuteronomio es la gran obra teológica del pacto que encabeza una larga fila de escritos sobre el tema... A lo largo del libro se enfatizan las promesas hechas a Abraham, la bendición como consecuencia de la fidelidad al pacto, la tierra como el regalo del Dios de Israel para su pueblo y el lugar de honor que Israel ocupa entre las naciones».

[50] Von Rad, "Deuteronomy", 100.

[51] CF. Deuteronomio 32: 1 – 7 (NVI) un cántico en donde Moisés dice que Dios es su padre (vs. 6b): «¡Alaben la grandeza de nuestro Dios! ..., sus obras son perfectas...» (vv. 3b, 4b), pero que se contradicen a sí mismos porque «Actuaron contra él de manera corrupta... ¡son una generación torcida y perversa!» (v. 5).

EL PUNTO DE PARTIDA

pacto mutuo, Dios exaltará a Israel como su especial tesoro; Israel, por su parte, exaltará a Dios con su obediencia. Al atenerse a sus caminos, guardar sus estatutos, sus mandamientos y leyes y obedecerlo (véase 26: 16), estaría cumpliendo con su papel como pueblo santo de Dios. El llamado a la santidad afecta todas las fases de su vida de la misma manera en que el código de Deuteronomio incide sobre el todo de la vida de Israel. Todo Israel debe obedecer las instrucciones de Dios acerca de sus relaciones con sus compatriotas, extranjeros y extraños, con Dios y los sacerdotes y su entorno familiar.

Las condiciones impuestas a Israel

Moisés continúa su sermón en el capítulo 28 de Deuteronomio afirmando las condiciones que Israel debe cumplir para que reciba las bendiciones de Dios. Todo el versículo 9 indica: «Te establecerá el Señor como pueblo santo para sí», siempre y cuando Israel obedezca sus caminos. Mientras que 7: 6 y 14: 2, 21, declaran que Israel debe ser obediente porque es santo, aquí se señala que su santidad está condicionada a su obediencia. Israel ha sido separada de las naciones como la posesión del Señor. En este sentido es santo. Además, Deuteronomio advierte que como nación consagrada tiene que cumplir las exigencias de su dueño, Dios. Su obediencia concretizará lo que hasta ahora ha sido una teoría[52].

Con esto en cuenta podemos concluir que la santidad de Israel es un complejo que cubre varios aspectos. El primero y más importante es relacional. La santidad de Israel está arraigada a que fue libertado de Egipto y llamado a convertirse en el pueblo de Dios. Israel es santo porque Dios lo ha llamado a ser su pueblo. Sin embargo, entiéndase que esta relación tiene consecuencias graves. La santidad de Israel no depende solamente

---

[52] Israel es llamado al cumplimiento de los mandamientos de Dios, los cuales «... señalan el camino que Israel debe recorrer hacia la expresión práctica de esta afirmación teológica». CF. Clements, "God's Chosen People", 32.

LA SANTIDAD EN LA CARTAS DE PABLO

de su relación con Dios como pueblo separado y distinto, sino también de que la ponga por obra en su relación con los extranjeros, los pobres y las naciones circundantes. Esto requiere que su relación con Dios sea dinámica, constante, hasta que rija su conducta con las naciones vecinas y los miembros de su propia comunidad (véase Lv 19: 1-37). Como tal, es una santidad de responsabilidad (o un requerimiento), en donde Israel manifiesta con su obediencia y confianza amorosa que está totalmente comprometido con Dios.

Más aún, Israel estaba llamado a ser un pueblo con un destino en común. En otras palabras, el camino a la santidad, tanto individual como colectivo, es la emulación de los atributos de Dios[53]. Tal y como Levine señala: «La santidad... no era alcanzable solamente con la adoración y pureza apropiadas, sino que ocupaba un lugar importante dentro del ámbito de la experiencia social»[54]. Por lo tanto, es una santidad con una dimensión comunitaria. Tiene que manifestarse en las relaciones sociales.

UNA SANTIDAD MULTIFACÉTICA

Al resumir el concepto de la santidad según presentado en el Antiguo Testamento, observamos lo siguiente. En primer lugar, Dios es la fuente de la santidad. En segundo lugar, en el Antiguo Testamento, Dios es descrito como *santo* en dos sentidos. Por un lado, Dios está por encima de todo lo creado. Sin embargo, nos llama a una pureza ética. Por el oro lado, tantos los objetos como las personas derivan su santidad de Dios. Es decir, se dice que son sanos en virtud de su vínculo con Dios: tierra santa, día de reposo santo, lugar santo. La santidad de Dios impregna lo que toca, sobre todo a los seres humanos. En tercer lugar, el adjetivo *santo* describe al objeto o la persona que haya sido «consagrada» con un fin especial. En cuarto lugar, el Anti-

---

[53] Ibíd.

[54] Levine, "Leviticus", 257.

guo Testamento testifica la santidad de Dios en términos de su «otredad» y «pureza», así como en su prerrogativa de separar gente y objetos para sus fines, junto con la piedad de quienes ha declarado y ordenado como santos.

Por último, tal y como lo presenta el Antiguo Testamento, la santidad de Israel es multifacética. De modo que, podría sugerirse que la santidad tuvo varios aspectos, pero sin que ninguno pueda tomarse por sí solo. Antes bien, la invocación de la santidad debe cubrirlos a todos.

En primer lugar, la santidad es relacional—está arraigada a la relación con el Dios santo. En segundo lugar, en lo que respecta a la santidad de Israel, sería tanto anacrónica como inconcebible que habláramos de la santidad personal sin tomar en consideración la comunitaria, es decir, que se manifiesta en las relaciones sociales. En este sentido, la santidad no es meramente una virtud ni la energía asociada con Dios. En cambio, Levítico 19 demuestra que la santidad ocurre dentro de la vida comunitaria. Por lo tanto, la vida divina, entendida en términos relacionales, se manifiesta en integridad, honradez, fidelidad y amor en las relaciones personales. Por consiguiente, Israel es llamado como comunidad a concretizar la vida divina en el mundo.

Israel debía ser el modelo de Dios entre las naciones. ¿Cómo conocerían al Dios de Israel? Pues, velando de cerca su modo de vida. Así que, la santidad de Israel tiene el propósito misionero de revelarles a Dios. Según Gordon Tomas,

> Israel está llamado a modelar la vida de la divinidad, el amor, la justicia y bondad de Dios de tal manera que atraiga a las naciones. Pero, para que sea un reino de sacerdotes tiene que ser una nación santa. Si su comportamiento espiritual, sexual y social fuera igual al de sus vecinos, la misión de Dios «moriría en la salida»[55].

---

[55] Thomas, "A Holy God", 59-60.

LA SANTIDAD EN LA CARTAS DE PABLO

La santidad también implica una separación. La gente que se compromete a guardar la Ley y servir a Dios se distingue de los demás. Así debe ser porque es el pueblo de Dios.

Esta separación tiene dos aspectos, para los cuales Dios hizo provisión. En primer lugar, el pueblo debe separarse de toda lo profano (véase Nm 5: 1-4). Dios prohíbe toda clase de contaminación, desde la puramente física hasta la emocional y espiritual. El que dicha separación fuera relacionada con el ámbito pintaba un cuadro claro sobre lo que se esperaba de la vida espiritual. No obstante, con el mismo cuidado con que debían remover cualquier amenaza de contagio físico de entre el pueblo, también debían de hacerlo con el pecado. Dentro de este contexto, la «consagración» de Israel no se refiere a una política de aislamiento y comportamiento externo (aunque este último si está incluido), sino a su actitud y moralidad (Lv 19: 1-36).

El que Israel tenga que separarse de las naciones implica que su religión y valores sociales deben distinguirlos como modelos de la atractiva santidad de Dios. Las epístolas paulinas, aunque son bien diferentes, en su mayoría son mensajes pastorales que casi siempre tienen que ver con el bienestar de los miembros. Pero, si bien son pastorales y exhortatorias, en lugar de reguladoras, parten de las suposiciones de purezas del Antiguo Testamento. Tal y como el Antiguo Testamento explica los requisitos para el mantenimiento de la relación entre Dios y su pueblo, las epístolas paulinas se ocupan de los detalles de la vida cristiana práctica.

Capítulo 2

La Santidad en Romanos

Si bien existe un debate acerca de cuál es la teología unificadora de la Epístola a los Romanos, es evidente que, al igual que las otras epístolas de Pablo, es el resultado de los problemas que la creyente enfrenta en su vida cotidiana.

La introducción del libro pone de relieve el tema de la santidad. A partir del capítulo 1 versículos del 6 al 7, Pablo destaca que Dios ha llamado a los romanos a ser su pueblo santo y, tal y como Oakes acertadamente ha señalado, no es una aspiración sino una realidad. Son santos (*kletois hagiois*) en virtud del llamado de Dios[56].

El Nuevo Testamento entiende que todos los creyentes son «santos», es decir, los «santificados» (*hagioi*; ver Rom 15: 25–26, 31; 16: 2, 15). Esta santidad básicamente es una separación. Esta santidad estriba en que Dios los «ha escogido para ser pueblo suyo de entre todos los pueblos que están sobre la faz de la tierra» (Dt 7: 6; véase 1 R 8: 53; 1 P 2: 9–10). En este sentido, los cristianos romanos eran «santos». Ya no son gentiles ni judíos porque Jesucristo los ha llamado a ser suyos (Rm 1: 6). Dios los ha reclamado para sí mismo[57]. Pablo espera que como tales sean «santos», no solamente en el sentido de apartados, sino de pure-

---

[56] Godet, "St. Pablo's Epistle to the Romans", 74.

[57] 2. Greathouse y Lyons, "Romans 1–8", 45.

LA SANTIDAD EN ROMANOS

za y sin mancha (véase Rm 12: 1; 1 Co 7: 34; Ef 1: 4; 5: 3, 27; Col 1: 22; 1 Ts 3: 13)[58].

Santidad, pecado y humanidad

Esta discusión de la santidad debe tomar en cuenta el contexto más amplio del libro. Pablo dedica los primeros capítulos de Romanos al problema del pecado tocante a la humanidad. La epístola comienza con una de las descripciones más gráficas de la humanidad pecadora. El argumento del capítulo 3 versículos del 1 al 20, en particular de 1: 18-32, es que el pecado ha provocado la ira del Dios de amor sobre sus criaturas. Pablo sostiene que el pecado, en cualquiera de sus modalidades o tonos, es un problema grave. Lo describe como una rebelión deliberada en contra de la verdad y la justicia revelada de Dios.

La humanidad comenzó su caída cuando se negó a honrar a Dios como Dios; «se hicieron vanos en sus razonamientos y su necio corazón fue entenebrecido» (Rm 1: 21). Por su desobediencia voluntariosa, «Dios los entregó a la impureza en la lujuria de sus corazones», «a pasiones degradantes» y «a una mente depravada, para que hicieran las cosas que no convienen» (Rm 1: 24, 26, 28). Pablo pinta un cuadro inconfundible de la situación humana, es decir, del pecado y sus consecuencias. Con un pincel fino, sobre todo en Rm 3: 9-23, pone de relieve el dilema humano, demostrando que el pecado es horroroso y universal. La humanidad sin Cristo está condenada no importa cuál sea su estatus social, género, genealogía, geografía, credo o religión. Además, tal y como Pablo plantea, el pecado tiene que ser juzgado.

La buena noticia es que hay esperanza en la justificación. Pablo señala que Dios ha provisto los medios para el perdón y la reconciliación de la humanidad. Nótese su énfasis en la solidaridad humana, sobre todo en Rm 1: 16 — 3: 20. No cabe duda de

---

[58] Kruse, "Pablo's Letter to the Romans", 54–55.

que piensa en la solidaridad, en lugar de la individualidad del pecado, aunque no lo excluye del todo. Por lo tanto, es probable que su concepto de la justificación de los impíos sea un acto relacional matizado por la condición de la humanidad.

El pasaje junta a los gentiles con los judíos: ambos grupos son culpables, ninguno es justo. Pablo emplea unas metáforas sencillas y poderosas a pesar de que los judíos serían los únicos que reconocerían sus citas del Antiguo Testamento. Más adelante, abundará en su conclusión: la Ley tiene como fin concienciarnos del pecado.

A lo largo de los capítulos 1 al 3 de Romanos, Pablo argumenta que la justicia es un don de Dios, condicionado a la fe, como explica en 3: 21-26. En primer lugar, Dios le regala su justicia a la humanidad pecaminosa para justificarla consigo mismo. En segundo lugar, este don se recibe solamente por fe, no por obras humanas (vv. 22, 28). En tercer lugar, suprime la distinción entre judíos y gentiles, no tan solo porque todos han pecado y se han rebelado en contra de Dios, sino que también deben— y serán—aceptados solamente por su fe (vv. 22, 23, 27, 30). En cuarto lugar, el don de la justicia está disponible gracias a la muerte de Cristo. Por último, el Antiguo Testamento enseña la justificación, pero Cristo es su revelación (vv. 21, 25, 26). Pablo sigue cerrando la brecha entre sus oyentes gentiles y judíos. Se esfuerza en hacerles comprender que Cristo es el único camino a la justificación (Rm 3: 21-4: 25).

En los capítulos del 4 al 5, Pablo parte de una cita de los Salmos para usar a Abraham de ejemplo de la manera en que Dios justifica al pecador (Sal 32: 1-2). Dios tuvo que proveer el camino a la salvación porque los seres humanos fracasaron en su intento de vivir a la altura de sus estándares. La vida de Abraham es el prototipo porque su «fe se le cuenta por justicia». «Dios atribuye justicia aparte de las obras» (Rm 4: 5-6) y la fe es el único medio para justificarse con él. Pablo argumenta que Abraham fue justificado por su fe, vv. 1-5; David no fue justificado por sus obras, vv. 6-8; la circuncisión no justificó a Abraham, vv. 9-12; Abraham tampoco fue justificado por su obediencia a la Ley, vv. 13 - 17. Como dijera un ministro, «lo único que hemos contribuido ha sido el pecado del que fuimos salvados». Y el don de la justicia se recibe por fe (Ef 2: 8-9; Tit 3: 5). La fe de Abraham demuestra que es más que creer o aceptar la palabra de Dios. Antes bien, es confiar y comprometerse de lleno con Él. Se trata de fidelidad.

Justicia y santidad

¿Qué es la justicia? Este tema ha sido objeto de muchísimo estudio y análisis eruditos[59]. Sin embargo, la justicia está íntimamente vinculada con la santidad, por lo que sus connotaciones morales y éticas son tan importantes como sus términos relacionales, del pacto o forenses.

Como señaláramos en el capítulo anterior, Pablo deriva el Antiguo Testamento su perspectiva de la santidad. En este sentido, nótese que una de las mayores contribuciones de los profetas del siglo XVIII es la vinculación de la santidad con la justicia. La santidad se refiere a la pureza moral y espiritual, además de ritual.

La «justicia» no es un concepto abstracto: significa un «acto justo» y es uno de los muchos «actos justos» o «triunfos» (Jc 5: 11) que «el Santo de Israel» hace para transformar la historia en un medio de revelación divina para «los ojos de los que ven, y los oídos de los que oye»[60]. El Santo manifiesta su santidad cuando juzga rectamente a Jerusalén[61]. El versículo 16 casi siempre es explicado como un resumen de la manera en que Isaías vincula la santidad con la justicia[62].

---

[59] No contamos con el tiempo ni el espacio para estudiarlo a fondo, aparte de que tampoco es necesario para los fines de este libro.

[60] Sawyer, "Isaiah", 58.

[61] Spence-Jones, "Isaiah", 80.

[62] Snaith, "Distinctive Ideas of the Old Testament", 51, 53.

LA SANTIDAD EN LA CARTAS DE PABLO

Dios es distinto de los seres humanos no solamente en el sentido ontológico, sino también moral; su santidad es más que un sinónimo de su majestad (aunque es uno de sus elementos; cf., p. ej., Ex 15: 11) pues, es el fundamento del carácter eterno de sus juicios justos contra los pecadores. La naturaleza moral de la santidad divina se manifiesta de un modo impresionante en el capítulo 6 de Isaías[63]. Dios expresa su santidad naturalmente por medio de su justicia o juicios; constantemente actúa de una manera coherente con su propio carácter y sus acciones siempre son rectas y justas.

Puesto que el Dios santo es infinitamente puro, se opone a todo pecado, como se ve en la manera en que trata tanto las acciones pecaminosas como a los pecadores. Dios será exaltado porque manifiesta su santidad con sus acciones justas y rectas (5: 16). La santidad no es un concepto abstracto que define la naturaleza o el ser divino; se refiere a lo que el mismo Isaías experimenta en el capítulo 6. La santidad de Dios describe su gloriosa divinidad, la justicia con la que gobierna el mundo y se ocupa de la humanidad. Aunque castiga a su pueblo a causa de sus pecados, cada uno de sus actos es una infiltración de su santidad en la creación. Esto sucede tanto a través de sus actos de juicios como de gracia. En última instancia, Dios, que siempre será santo, será tenido por santo. Al final, el mundo también será santo (4: 3-4); entonces Dios será glorificado. Cada persona y nación debería preguntarse ¿qué sería mejor, experimentar el santo juicio de Dios o unirse a los justos que glorifican su santo nombre[64]?

Los capítulos del 6 al 8 de Romanos presentan la discusión más abarcadora de la santidad, en la que Pablo recurre a varios motivos para describir una realidad. El capítulo 6 responde a preguntas cruciales como: ¿Cuál es la relación del cre-

---

[63] Grogan, "Isaiah", 502.

[64] Smith, "Isaiah 1–39", 176.

yente con el pecado? Si la moral era el fin (moral que no está arraigada al sacrificio de Cristo) y solo la gracia es eficaz, ¿por qué dejaríamos el pecado? Si, después de todo, no depende de nuestras acciones, ¿qué importa cómo vivamos? ¿Cuáles son las consecuencias de la justificación? ¿Qué debemos hacer con nuestra nueva libertad en Cristo?

Pablo contesta estas preguntas de tres maneras, las cuales dividen el capítulo (es decir, 6: 1-11, 12-14; 15-23). En la primera sección, Pablo medita en la nueva situación de los creyentes, es decir, el uso del modo indicativo de conceptos tales como «muerto al pecado» (6: 2), «bautizados en Cristo» (6: 3a), «bautizados en su muerte» (6: 3b), «sepultados con Él en su bautismo» (6: 4), «nuestro viejo hombre fue crucificado con Él, para que nuestro cuerpo de pecado fuera destruido» (v. 6) y «muerto con Cristo» (v. 8). Los versículos del 1 al 11 son explícitos en cuanto a las implicaciones de la unión por fe de los creyentes con Cristo, tal y como lo describe el bautismo. Pablo no está hablando de lo que *se espera* de los creyentes; está describiendo lo que *son ahora*. Por lo tanto, nuestra primera responsabilidad es entender quiénes somos en Cristo después de la conversión y el bautismo.

En la segunda sección, Pablo desafía a los creyentes a que vivan lo que son en Cristo, a la altura de su nueva existencia como parte del pueblo santo de Dios. Su estilo de vida debe concordar con la clase de personas que son ahora.

En tercer lugar, Pablo utiliza la metáfora de la esclavitud para demostrar lo absurdo de la noción de que la creyente esté todavía bajo el control del pecado. La vida de la creyente es descrita tanto como una de libertad y servidumbre a la vez. Su principal preocupación es ética. En lugar de ofrecer una explicación teórica acerca de la relación con el pecado, se enfoca en la experiencia conocida de haber vivido en el pecado. Su fin es demostrar que el pecado es incompatible con la nueva vida en Cristo (la gracia). Tanto el pecado como la gracia son mutuamente exclusivos y su fin es que los cristianos romanos com-

LA SANTIDAD EN LA CARTAS DE PABLO

prendan que el evangelio de la gracia no conduce al libertinaje (¡de ninguna manera!), sino a la justicia.

¿Somos esclavos del pecado?

En este capítulo, Pablo describe constantemente el estatus anterior a la conversión como una «esclavitud al pecado». Aunque no ha formulado la noción del «pecado» de esta manera, prácticamente lo ha personificado. El ser humano puede vivir en el pecado de la misma manera en que puede hacerlo en Cristo (6: 2). El pecado posee y domina al cuerpo (6: 6, 12, 13, 16-18, 20, 22). Se puede vivir «en pecado» (6: 11). Se puede recibir la muerte como salario del pecado (6: 23a) o la dádiva de la vida eterna de Dios (6: 23b). Nadie es libre; nadie es su propio amo o ama. Todos sirven ya sea al pecado o a Dios. Sin embargo, cabe señalar que Pablo está dirigiendo esta exhortación ética a la gente que ha descrito como esclavos. Para ser más precisos, exhorta a los creyentes a que se sometan a Dios, no al pecado (véase Rm 6: 13, 16; 12: 1-2).

Pablo claramente entiende que la cristiana (dentro del marco de la servidumbre o esclavitud a Dios) tiene la libertad de obedecer o desobedecer a su amo. Por consiguiente, esta exhortación es necesaria. Dicha libertad no es ni explícita ni implícitamente atribuida a quien está esclavizada al pecado. Esa persona no tiene otra alternativa. Esa se ha sometido a una vida de pecado; la única consecuencia es que peque.

Sin embargo, Pablo dice en el versículo 19 que la esclavitud antigua era «a la impureza y la iniquidad», en lugar de al pecado de por sí. Otros pasajes sugieren que el término «iniquidad» no describe al pecado que esclaviza a la persona, sino al poder de la esclavitud al pecado (Rm 1: 24, Ga 5: 19 y Ef 4: 19).

La vida esclavizada al pecado era impura e inicua. Su resultado es terminar convertido en aquello a lo que se ha estado esclavizado. Quien vive en la anarquía, termina personificándola. El versículo 19b postula que los creyentes se habían entregado como esclavos de la impureza y la iniquidad.

Pablo obviamente está refiriéndose a la vida pasada de estos creyentes, no a su condición actual. Nótese que afirma que los cristianos romanos se habían presentado como esclavos del pecado, no que fueron esclavizados. En otras palabras, eran los responsables de la manera en que vivieron, dando a entender que también lo son de su nuevo estilo de vida.

En el versículo 19c, Pablo repite la cláusula «presentad vuestros miembros como esclavos» en contraste con la parte anterior del versículo 19b. De la misma manera en que los que estaban bajo la ley se presentaron a sí mismos como esclavos del pecado, quienes han muerto al «viejo hombre» y están viviendo bajo la gracia (v. 14) deben presentarse como esclavos a la justicia (v. 19c). Sin embargo, fíjese en que el versículo 18 ha afirmado «os habéis hecho siervos de la justicia».

En el versículo 18, Pablo evita «restarle» al cristianismo[65] cuando afirma que la creyente está esclavizada «a la justicia» en lugar de «a Dios». Que el cristiano no debe pecar porque está bajo la gracia está enmarcado, no por la servidumbre a este amo, sino del carácter de Dios (como lo hace el v. 22). Tenga en cuenta que «justicia» no es sinónimo de Dios; más bien es una manera de enfatizar que esta servidumbre es a un Dios cuyo carácter es justo y a un Reino en donde el pecado no tiene una función legítima.

Desde la perspectiva teológica, Pablo puede afirmar que la cristiana está esclavizada a la justicia porque Cristo Jesús en-

---

[65] Dodd sugiere que tal es el caso en su, "Epistle of Paul to the Romans", 98. A su pregunta de, «¿Acaso esa ["esclavitud a la justicia"] no aplica mejor a la vida bajo la Ley que a la libertad cristiana?», debe respondérsele con un rotundo «no». Pablo basa su argumento en que la Ley con su condenación lleva al pecado, en lugar de a la servidumbre a la justicia (cf. 3: 19–21; 5: 20a; 7: 11, 13). En el contexto actual, Pablo simplemente está usando el lenguaje para contrastarlo con «la esclavitud al pecado».

LA SANTIDAD EN LA CARTAS DE PABLO

carna la justicia de Dios para el beneficio de los cristianos (1 Co 1: 30) y la creyente se ha unido a Cristo a través de la muerte bautismal y la novedad de vida. Por consiguiente, al unirse a Cristo está bajo el dominio de la justicia de Dios (véase 2 Co 5: 21).

El proceso de la santificación

Aunque la unión con Cristo ha esclavizado al creyente a la justicia de Dios o a Dios, es menester que, tal y como vemos en los corintios, se parezca a su amo. La esclavitud no por sí no es sumisión y por más restrictiva u opresiva que sea tampoco transforma el carácter personal. Para Pablo, la persona tiene que cooperar con la transformación de su carácter. Quienes han sido esclavizados tienen que aceptar su nueva condición, de modo que reflejen el carácter de su dueño. Como siervos de Dios (no del pecado) deben hacer algo nuevo: presentar sus miembros como esclavos de Dios y su justicia. Cuando lo hagan, serán santificados y al final alcanzarán la vida eterna (vv. 19b, 22).

En la medida en que los creyentes se habitúan a presentarse como esclavos a Dios y su justicia, notarán un cambio en sus patrones de comportamiento. Su anterior estilo de vida de esclavitud al pecado (v. 21) solamente produjo cosas de las que ahora se avergüenzan. Su transformación es el proceso de santificación, de convertirse en santos. Esta nueva vida de experimentación de la santificación personal ocurre en la medida en que la creyente acepta la realidad de que ha muerto a la esclavitud al pecado (véase 6: 11a), pero vive como sierva de Dios (véase 6: 11b), manteniéndose a sí misma y sus miembros sujetos al señorío de Cristo Jesús su Señor y del Espíritu Santo (véase Rm 8:4, 5b, 10). La santificación, el producto de haberse sometido a Dios (6: 22), es el proceso de llegar a ser como Cristo Jesús; fue trasladado del dominio del pecado a una nueva creación (véase 6: 1-11; 2 Co 5: 11). Su unión con el Espíritu Santo manifiesta esta nueva vida (véase Ga 2: 20; Rm 8: 11).

LA SANTIDAD EN ROMANOS

Conviene que hagamos algunas observaciones acerca del uso del sustantivo, *haguiasmós* ('santificación'). No sería apropiado que dentro de este contexto definiéramos la santificación como «la separación o consagración de personas para el servicio a Dios». Dentro de este contexto (Rm 6: 19, 22) estamos refiriéndonos a personas que ya fueron consagradas a Dios. Pablo no usa en Romanos 6 la imagen de la consagración, sino la de servidumbre a Dios. Ambas son equivalentes: quienes han muerto al dominio del pecado y están andando en novedad de vida como siervos de Dios tienen que vivir de acuerdo con el carácter de su amo, revelado por Cristo Jesús, en lugar de conformarse con ser suyos.

La Ley del Espíritu

En el capítulo 7, Pablo despoja a los judíos de los privilegios de los que tanto alardeaban porque la Torá mencionada en el v. 1 gradualmente va tornándose en la «ley del Espíritu» (Rm 8: 2). Tanto los judíos como los gentiles permanecen juntos por cuanto «no hay ahora condenación para los que están en Cristo Jesús» (Rm 8: 1). Pablo traza un cuadro anormal del creyente en el capítulo 7 versículos del 14 al 25, por lo que no representa su definición de la vida cristiana. Sin embargo, aclaremos lo siguiente: la gramática del pasaje no determina su significado. Debe entenderse que esta describiendo a una persona que no ha sido regenerada desde el punto de vista de la fe. La sección de los versículos del 7 al 13 no está desvinculada del 13 al 25. En otras palabras, los versículos del 7 al 25 están unidos. Lo que 7 al 13 describe es exactamente lo mismo que encontramos del 14 al 25. Se trata de un esfuerzo fracasado. Lo único que cambia, aparte del tiempo del verbo, es que va de un ejemplo personal a la condición general de quienes tratan de seguir el código escrito. Es lamentable que por siglos muchas personas hayan tratado de plantear sus teologías a partir de sus propias experiencias y que otra tantas hayan tomado el lamento del «miserable» como una excusa cada vez que ceden a la tentación (Rm 7: 14–25).

LA SANTIDAD EN LA CARTAS DE PABLO

No obstante, esta vida de constante derrota contradice la novedad expuesta en los capítulos del 6 al 8. Del capítulo 6 al 7 versículo 6 encontramos que los creyentes fueron libertados del pecado y de la Ley cuando participaron en la muerte y resurrección de Jesucristo. El contexto inmediato del capítulo 7 versículos del 14 al 25 subraya tanto la dificultad de santificarse aparte de la fe como la frustración de tratar de librarse de la Ley.

En conclusión, hay que rechazar rotundamente que la creyente sea incapaz de abstenerse de lo que más aborrece, pues ese pensamiento contradice el llamado de Cristo al arrepentimiento, el discipulado y una vida santa. De hecho, ningún cristiano se lamentaría como el caso del capítulo 6: «¡Miserable de mí!».

El capítulo 7 de Romanos no es una descripción de la vida cristiana. Esa clase de vida de conmiseración es anti-paulina y pésima. Los versículos del 14 al 25 expresan la frustración moral que ni suena ni es compatible con la gracia que transforma al ser humano ni con la dirección del Espíritu Santo, como ha sido expuesto en los capítulos del 6 al 8.

Si tomamos en cuenta las estrategias retóricas de Pablo, veremos que hace uso de la primera persona singular («yo») para solidarizarse con la situación de los judíos, además de añadirle mayor dramatismo a su argumento. Aquí está dramatizando la lucha contra el pecado mientras se está bajo el yugo de la Ley y cuya victoria solamente ocurre «en Cristo».

Lo triste es que muchas personas no quieren escuchar de la posibilidad de vivir libre del pecado; sin embargo, no es válido que se justifiquen con el capítulo 7 versículos del 14 al 25. Pablo desafía a los creyentes a que, en lugar de obsesionarse con el pecado, vivan en la esperanza de que han sido librados de esa contienda.

El argumento a favor de la santificación

LA SANTIDAD EN ROMANOS

Todo el peso recae sobre el capítulo 8. De muchas maneras es la corona del argumento de la santificación expuesto en estos tres capítulos[66], tomando la idea central y llevándola a sus máximas consecuencias[67]. Por un lado, demuestra el vínculo entre la novedad de vida con el Espíritu Santo y entre el cumplimiento de la Ley y el Espíritu Santo.

Como diría Pablo, la obra salvadora de Cristo no anula el llamado de Dios a que vivamos en santidad; todo lo contrario, gracias al Espíritu es que Dios cumple «la justicia de la Ley» dentro de la comunidad de fe (8: 1-5). De modo que este capítulo hace hincapié en la vida bajo el poder del Espíritu Santo[68].

Nótese que en los capítulos anteriores de Romanos solamente encontramos cuatro referencias al Espíritu Santo (Rm 1: 4; 2: 29; 5: 5; 7: 6) comparadas con las veintiuna de este capítulo (8: 2, 4, 5 (dos veces), 6, 9 (tres veces), 10, 11 (dos veces), 13, 14, 15 (dos veces), 16 (dos veces), 23, 26 (dos veces)), como no se ve en ningún otro capítulo de la Biblia. Fee declara,

La discusión soteriológica que comenzó en 1: 18 alcanza su punto culminante en esta sección (Rm 8: 1-39) y es imposible pasar por alto el papel crucial del Espíritu Santo. Si bien lo dice de otra manera, el Espíritu es el eje que vivifica todo lo que hasta este momento ha sido expuesto... sin embargo, el Espíritu es la clave vivencial de todo: Dios en amor está creando un pueblo para sí aparte de la Ley... Su Espíritu logra todo esto en la Iglesia (y en el creyente, por supuesto)[69].

---

[66] Godet, "Epistle to the Romans", 295, cita a Spener cuando dice que «si la Sagrada Escritura fuera un anillo y la Epístola a los Romanos su piedra preciosa, entonces, el capítulo 8 sería su punto más brillante».

[67] Kaylor, "Paul's Covenant Community", 141–42.

[68] Fee, "God's Empowering Presence, 517, comenta acerca de Rm 5: 1—8: 39: «... sin embargo, el Espíritu es la clave vivencial de todo: Dios en amor está creando un pueblo para sí aparte de la Ley... Su Espíritu logra todo esto en la Iglesia (y en el creyente, por supuesto)».

[69] Ibíd, 516-17.

LA SANTIDAD EN LA CARTAS DE PABLO

Además, a diferencia de Romanos 7, Pablo demuestra que ni la Ley ni los rudimentos legalistas solucionan el problema del pecado humano, sino que está en vivir bajo la disciplina y dirección del Espíritu Santo[70]. Esta vida cumple la voluntad de Dios, lleva la promesa de la resurrección y la vida eterna; es una vida de esperanza y victoria en Dios en medio de las adversidades. Por lo tanto, es claro que Romanos 8 es una descripción del ministerio del Espíritu Santo en el creyente.

Al hojear estos versículos notamos que Pablo está interesado en la manera en que el Espíritu Santo afecta la ética. La vida cristiana no depende del esfuerzo humano. Antes, Pablo está a punto de mostrar que la persona, presencia y poder del Espíritu Santo son más que suficientes para la vida en Cristo.

La mayoría de los eruditos y comentaristas estarían de acuerdo con que Romanos capítulo 8 versículos del 1 al 4 del capítulo 8 comienzan la discusión de la llamada vida en el Espíritu o santificada. Estos versículos están directamente vinculados con el capítulo 7 versículo 6[71]. Los versículos del 1 al 4 resumen la condición del creyente que ha muerto a la Ley[72]. Pablo comienza su argumento con la frase preposicional «por consiguiente» para demostrar que es la conclusión lógica de la discusión previa. Su vocabulario evoca el capítulo 5 versículo 1 por cuanto quienes fueron «justificados por la fe» ahora «están en Cristo Jesús». La «paz con Dios» (véase Rm 5: 1) trae consigo el beneficio de quedar libre de la condenación.

Pablo recurre a la palabra *udén* ('ninguna') para dejar claro que la condenación ya no es parte del panorama. Cabe señalar que el sustantivo griego para *condenación* (*katákrima*) es usado

---

[70] Howard, "Newness of Life", 160.

[71] Romanos 7: 6 es la base del argumento del capítulo 8, en donde Pablo expone sobre la fe del creyente que ha muerto a la Ley (Rm 7: 6).

[72] Bowen, "Guide to Romans", 102.

en Rm 5: 16 y 18. De otra parte, hay que insistir en que libres de condenación son solamente quienes están «en Cristo Jesús».

En el versículo 1, Pablo trae sus lectores a ese «ahora» y su descripción de los beneficios de la justificación. Nótese que este adverbio es usado constantemente a lo largo de la epístola (véase 3: 21, 24; 5: 9; 6: 19; 21). Tales pasajes aluden a las bendiciones que los cristianos están experimentando. Adam Clarke bien ha sugerido: «Este *ahora* debe estar refiriéndose a que el creyente está gozando de la feliz transición de las tinieblas a la luz, de la condenación al perdón»[73]. Por un lado, *ahora* es un adverbio de tiempo que distingue la vida cristiana de su pasado. Sin embargo, también tiene una connotación escatológica. En este sentido, *ahora* se refiere a después de Cristo, es decir, a una situación que va más allá de una persona en particular.

Los versículos del 2 al 3 continúan describiendo la realidad actual de los creyentes. El versículo 2 explica esta libertad del pecado. Los cristianos fueron «libertados» de la ley del pecado y la muerte. Cristo, con su obra redentora y muerte expiatoria en el Calvario, ha quitado la culpa de los creyentes.

Una libertad de gran alcance

Bien pudiéramos preguntarnos: «¿Cuán profunda y abarcadora es la libertad de la que habla Pablo?». Respondamos con una anécdota: Un alcohólico se convierte y deja de beber. Un día, mientras caminaba por la calle pasó frente a su antigua taberna. El dueño lo vio y lo llamó: «Oye Charlie, ¿qué te ha pasado? ¿Por qué sigues de largo?». Charlie pensó por un momento y respondió: «No soy yo el único que sigue de largo. El Señor tampoco se detiene». En donde el pecado abundó, ahora sobreabunda la gracia (Rm 5: 20).

---

[73] Clarke, "Romans", 93.

LA SANTIDAD EN LA CARTAS DE PABLO

Solo la obra salvadora de Dios en Cristo Jesús, consumada por el Espíritu Santo, liberta a los seres humanos de su desesperación (Rm 8: 2–3). Si Dios no otorgara su salvación ni su gracia santificadora ni el poder del Espíritu Santo, jamás venceríamos al pecado. Pero, con Cristo y el Espíritu Santo, sí es posible. Pablo empieza a contrastar la vida según la carne con la vida en el Espíritu, atreviéndose a declarar que la diferencia estriba en la obra redentora de Cristo Jesús. Aunque en los dos primeros versículos retoma el sacrificio de Cristo sobre la cruz, rápidamente pasa a enfocarse en una nueva imagen y dimensión de la experiencia cristiana: la vida en el Espíritu. El apóstol argumenta: «Pues lo que la ley no pudo hacer, ya que era débil por causa de la carne, Dios *lo hizo*: enviando a su propio Hijo en semejanza de carne de pecado y *como ofrenda* por el pecado, condenó al pecado en la carne».

Desde el comienzo, es como si Pablo estuviera tratando dos problemas relacionados con el pecado. El primero es un asunto de garantía y el segundo, de la vida cotidiana, llena del Espíritu y santidad. Con respecto al primero, sostiene inequívocamente que, para todos los que están en Cristo Jesús, no hay condenación del pecado, sino condenación del pecado en la carne. La creyente no tiene que vivir angustiada por la culpa o el temor a sus pecados. Jesucristo solucionó este problema cuando murió en la cruz por los pecados de quienes lo acepten por fe. Pablo está cerrando los argumentos que presentó en la sección de 3: 1–4: 25: ese perdón del pecado es aplicado a quienes confíen en Cristo. ¡No hay condenación! Más aun, la muerte de Cristo en el Calvario libertó a los creyentes de la condenación, asestándole un duro golpe al pecado al condenarlo.

Pablo expone como un hecho que la creyente que ha aceptado por fe a Cristo, muriendo y resucitando con él, ha quedad libre de la condenación y de la esclavitud del pecado. Esta victoria es segura y cierta gracias al Espíritu Santo. Lo que la carne nunca pudo lograr (cumplir con las exigencias de la Ley, su santidad y justicia), ahora es posible a través del poder del Espíritu. Los creyentes comparten el resultado de su victoria en Cristo cuando andan en el Espíritu, lo que lleva a las buenas obras estipuladas por la Ley.

Pablo hace un llamado profético a los cristianos

Sin duda, la enseñanza de Romanos capítulo 8 versículos del 1 al 4 es fundamental para la vida cristiana y con toda seguridad, Pablo esperaba que los creyentes lo obedecieran. En primer lugar, el uso de la voz pasiva «se cumpliera» junto con la frase preposicional «en nosotros», señala que la obediencia descrita en el versículo 4 es la obra de Dios. En segundo lugar, también es difícil de explicar cómo «que no andamos» pudiera estar refiriéndose a otra cosa que no sea la experiencia real de los creyentes. Además, es poco probable que esperara que su antítesis radical de la carne y el Espíritu fuera tomada solamente con una aplicación individual o comunitaria. Este pasaje va más allá de describir la conducta de un individuo o grupo. Pablo está llamando proféticamente a los creyentes romanos que se comprometieran con dar testimonio en su sociedad. Kaylor lo resume así:

> El Espíritu produce una vida transformada en la cual la voluntad de Dios es cumplida en los que no andan conforme a la carne, sino al Espíritu... El Espíritu efectúa una vida que, más allá de expresarse en actos de piedad religiosa, lo hace en la renovación de sus relaciones. La nueva vida que ha dado y creado tiene que expresarse concretamente. No es un premio ni una póliza de seguro que se guarda en una caja fuerte. Por el contrario, la nueva vida consta de un nuevo conjunto de relaciones en donde tanto la persona como la comunidad tienen la libertad de expresar su fe con amor[74].

---

[74] Kaylor, "Paul's Covenant Community", 150.

LA SANTIDAD EN LA CARTAS DE PABLO

En Romanos 12 versículos del 1 al 2, Pablo resume la respuesta ética que se espera del creyente en vista de la misericordia de Dios. Se espera que responda positivamente a semejante don. Quienes no han creído aún, tienen que convertirse y presentarse a sí mismos como sacrificios. Tanto este pasaje como el capítulo 15 versículos del 15 al 16 incluye varios de los términos asociados con el culto sacrificial del Antiguo testamento: *presentar, sacrificio, santo* y *aceptable*. Aquí vemos que Pablo recurre a los términos del pacto mosaico, pero reorientándolos hacia la nueva relación con Cristo. «La exhortación de Pablo a que los cristianos presenten sus cuerpos como sacrificios es la máxima personalización del sacrificio, transformándolo de tal manera que el sacrificio cristiano es radicalmente nuevo»[75]. Las fuentes del Pentateuco que tratan el asunto del sacrificio no exigen que la ofrenda y quien la ofrende sean lo mismo ni el que lleve a cabo el sacrificio. En cambio, el adorador presenta lo que ha sido prescrito. Pablo trastoca el proceso cuando dice que el creyente solamente puede sacrificarse a sí mismo.

Cierto es que Pablo no está usando *soma* ('cuerpo') como si fuera algo desechable para la humanidad. Por otra parte, Romanos capítulo 6 versículos 12, 16 y 19, son un buen ejemplo de la manera en que Pablo alterna el cuerpo (*soma*) con miembros (*mello*) y ustedes (*eautous*), aunque esté refiriéndose a la totalidad de la persona. Puede sugerirse que en el 12: 1 usa *somata*, no tan solo para expresar la idea del plural *vosotros*, sino para enfatizar que el cuerpo creyente debe ser santo. *Cuerpos* se refiere a la totalidad del ser, pero su énfasis principal es el físico, sin que excluya las otras facultades del ser humano (p. ej, la mente, la conciencia y el espíritu). Estos aspectos de la persona no pueden separarse del *cuerpo* que es ofrendado a Dios. Si una persona le presenta su cuerpo a Dios, ello implica que se ha presentado a sí misma en su totalidad debido a la constitución del ser humano. Al Pablo optar por *cuerpos* evita que lo malinterpreten como si

---

[75] Hewet, "Hagios", 258.

LA SANTIDAD EN ROMANOS

estuviera descartando la validez del cuerpo humano (o que fuera imposible dedicarlo a Dios) o que el creyente solamente tuviera que dedicar su «ser interior».

Dicho sea de paso, Pablo exhorta a los cristianos a transformarse mediante la renovación de sus mentes (Rm 12: 2) porque cree que no será sino hasta la parusía (venida) de Cristo que el organismo físico conocido como *cuerpo* sufrirá una metamorfosis (véase 1 Co 15: 20-23, 44, 51-53; Flp 3: 20f.). Por lo tanto, teológicamente no pudo haber dicho, «transformaos mediante la renovación de vuestros cuerpos físicos», los cuales describe como «mortales», «deshonrosos» y «débiles» (1 Co 15: 42f.; véase Flp 3: 21). Como sugiere Jewett: «Pablo está planteando una transformación que lleva a la recuperación de la habilidad para evaluar las opciones éticas a la luz de la experiencia de la comunidad convertida como la 'nueva creación' de Cristo»[76].

Pablo no está urgiéndonos a que cambiemos de apariencia y comportamiento, sino de esencia. No se trata de una *asumir un papel*, sino de ser diferente. Dios usa la presencia del Espíritu de Cristo para transformar a los creyentes de adentro hacia fuera, de tal manera que sean como él (véase Rm 8: 29; 2 Co 3: 17-18; 2 Ts 2: 13). Como Greathouse señala: «Los apocalipsis judíos (2 Bar 51: 5; 1 Enoc 71: 11) esperaban que los creyentes fueran transformados en el tiempo postrero, pero Pablo afirma que ocurre en el presente»[77].

Pablo describe un sacrificio que guarda cierta relación, pero que a la vez se distingue de los sacrificios del Antiguo Testamento. El sacrificio cristiano no implica muerte (como en el Antiguo Testamento), sino vida. Quien ha sido libertada del cuerpo de muerte (Rm 7: 24s.) y está siendo vivificada por el Espíritu de Cristo (Rm 8: 9-11) tiene la oportunidad y la opción de

---

[76] Jewett, "Romans: A Commentary", 733.

[77] Greathouse y Lyons, "Romans 9-16", 135.

LA SANTIDAD EN LA CARTAS DE PABLO

presentarle ese cuerpo a Dios. No solamente es un sacrificio vivo, sino santo, lo que no era noticia para los judíos, ya que los mandamientos antiguos declaran que las ofrendas son santas o santísimas (véase Lv 6; 10: 17; 21: 22; 22: 2-4, 10-14). Los sacrificios de Israel eran santos porque estaban consagrados a Yahvé y a sus sacerdotes escogidos (y sus familias, bajo ciertas condiciones). Ya hemos establecido que el adjetivo de pueblo *santo* (*kadosch-hagios*) en pasajes tales como Lv 19: 2, Ex 19: 4-6 y 22: 30 tiene una connotación ética.

Kadosch describe el carácter de un pueblo que se relaciona con sus semejantes a la altura de las normas éticas de Yahvé. Tanto los dos versículos que sirven de prefacio a la sección ética de Romanos como el pasaje restante fuertemente nos llevan a concluir que Pablo dota de un significado ético al adjetivo de *santo* en el versículo 1, tal y como sucede en los otros pasajes citados.

En este punto de Romanos, Pablo no trata a sus lectores como el pueblo santo o santificado (*hoi hegiasmenoi*). Sin embargo, son los santificados, separados para Dios por medio de su unión con Cristo Jesús, tal y como se indica en Rm 6: 11, 22; 8: 9-11, 15-17. Por lo tanto, su exhortación a que presenten sus cuerpos como sacrificio vivo, santo, no está refiriéndose a que se consagren, lo que ya es un hecho consumado para el creyente. Antes bien, está exhortando a los consagrados a que presenten sus cuerpos físicos y *éticamente puros* a Dios. Esto descansa sobre la transformación personal y relacional que experimentaron al momento de su santificación.

El amor ágape y el Espíritu de Cristo

Dentro del contexto de Romanos, quienes tienen sus «cuerpos éticamente puros» o «cuerpos que son sacrificio vivo, santo» responden positivamente a los mandamientos que Pablo expone en los capítulos del 12 al 15. La suma de su exhortación, tanto aquí como en otros lugares, es: «Amarás a tu prójimo como a ti mismo... el amor es el cumplimiento de la ley» (Rm 13: 9-10).

LA SANTIDAD EN ROMANOS

Por lo tanto, santa es quien ama, según la definición de Pablo (*ágape*) (cf.1 Co 13: 1 — 14   : 1; Rm 5: 8). El amar no es ceñirse a un código de ética *de por sí*, sino que el creyente, en determinado momento de su existencia, haga la voluntad que Dios le ha revelado en Cristo Jesús (véase Col 2: 16-23) por medio del Espíritu de Cristo (véase Rm 8: 13f.; Ga 5: 16-18).

El Espíritu tiene a su disposición una variedad de medios para llevar a cabo esta tarea y Pablo contaría entre los tales a sus epístolas y pasajes como el capítulo 12 de Romanos (véase 2 Tm 3: 14-17). Las personas que tienen «la mente de Cristo» están siendo renovadas en su ser interior. Por ende, disciernen la voluntad de Dios. Esa actualización de la voluntad de Dios es vivir en amor, sinónimo de santidad. Esa vida es un sacrificio aceptable y verdadera adoración a Dios.

Romanos capítulo 15 versículos del 15 al 16 es el único lugar de la epístola en donde Pablo recurre al verbo *santificar* (*hagiadzein*). El contexto es revelador porque Pablo está echando mano del lenguaje alusivo a las prácticas del culto del Antiguo Testamento para describir su misión entre los gentiles. El análisis de la manera en que aplica este vocabulario deja entrever el abismo que separaba al apóstol de su fe judía y permite que entendamos la naturaleza del compromiso cristiano y sus responsabilidades.

Pablo describe su misión apostólica con la palabra *leitourgo*, tomada del lenguaje del culto y que ha sido traducida como 'ministro' o 'siervo'. En el mundo helenístico describía a un oficial público común y corriente[78]. Pudiera decirse que Pablo se veía a sí mismo como un ministro cuyo valor teológico proviene de Cristo Jesús. Sin embargo, también pudiera ser que Pablo haya escogido este término porque evoca la raíz del verbo utilizado en la LXX: *leitourgein* ('servicio')[79].

---

[78] Cf. Barrett, "Romans", 247.

[79] Cf. Ex 29: 30; 30: 20; Nm 3: 6, 31; 4: 3, 9, 12, etc.; Dt 10: 8; 17: 2; 1 Cr 6: 32; 15: 2; Ez 40: 46; 42: 14. Nótese inmediatamente que estas referencias son fuentes

LA SANTIDAD EN LA CARTAS DE PABLO

Pablo afirma que tiene la autoridad para escribirles a los romanos precisamente porque Dios, en su gracia, lo hizo su ministro, no tanto de Yahvé como de Cristo Jesús. Aunque no está ministrando desde un altar o templo, su ministerio es válido dentro del nuevo sacerdocio[80]. No requiere un templo físico, literal ni está limitado al pueblo judío ni a sus prosélitos. Les ministra a los gentiles en el nombre de Cristo Jesús. Este lenguaje sacerdotal no se refiere a su papel como predicador del evangelio dedicado a la *conversión* de los incrédulos[81].

La palabra *hieourgounta*, que es traducida como 'servir como sacerdote', no se repite en otros lugares del Nuevo Testamento, tampoco en la LXX, aunque sí es común en los clásicos de Filo y Josefo. Llama la atención que Pablo se refiera a sí mismo como sacerdote porque de acuerdo con su teología, la muerte expiatoria de Cristo ha superado la función de los sacerdotes del Antiguo Testamento. Aquí tenemos un ejemplo de la manera en que expande o aplica estos conceptos a la iglesia cristiana. La única ocasión en que hace referencia a *hieros* ('sagrado' o 'área del templo') es una ilustración sobre el Templo de Jerusalén y sus sacerdotes (1 Co 9: 13). No obstante, casi nunca describe su labor como la de un sacerdote sino de *apóstolos*. La única manera en que se presentaría como sacerdote es en alusión al evangelio de Dios. No era sacerdote del Templo ni del pacto mosaico. Esos sacerdotes presentan y se alimentan de las ofrendas de la gente (1 Co 9: 13).

Pablo, en cambio, proclama el evangelio (1 Co 9: 4). La Nueva Biblia Inglesa acierta con su paráfrasis de Romanos capítulo 15 versículo 16: «Mi servicio sacerdotal es la predicación del

---

sacerdotales (excepto los pasajes deuteronómicos, los cuales aluden al culto). Todos giran en torno al ministerio a Yahvé dentro del contexto del sistema de los sacrificios.

[80] Esta expresión es de Pedro, no Pablo. Cf. 1 P 2: 9 y tenga en cuenta el papel de este sacerdocio: «... a fin de que anunciéis las virtudes de aquel que os llamó de las tinieblas a su luz admirable». Qué excelente descripción del ministerio sacerdotal de Pablo.

[81] Greathouse y Lyons, "Romans 9-16", 244.

evangelio de Dios». Su ministerio sacerdotal es la proclamación del evangelio de Dios a todo el mundo, en este caso, a los gentiles. De modo que, difiere grandemente de las labores comúnmente asociadas con el sacerdocio; Dios imparte su don a la humanidad. Dios ha actuado en la predicación de Pablo; por consiguiente, él proclama sus obras.

Nótese que Pablo describe a sus conversos gentiles como una ofrenda (*prosforá*). Esta palabra aparece dos veces en la LXX: Sal 40: 6 [LXX: 39: 7] y 1 R 7: 48 [LXX: v. 34]. En la primera cita es una traducción correcta de *minjah* ('oraciones vespertinas'); en la segunda, es una paráfrasis de la traducción de *happanim* ('el pan de la Presencia')[82]. Si partimos del Salmo 40 versículo 6, *prosforá* ('sacrificio') es un término alusivo al sacrificio. Más sugerente en el culto del Antiguo Testamento es el uso de *prosferein* ('sacrificar'). Hasta un examen somero de la concordancia de la LXX revela que este verbo es sumamente importante en Levítico (véase, por ejemplo, Lv 1, 2, 7 y 9) con relación a las ofrendas presentadas a Yahvé. Los materiales del Nuevo Testamento presentan a Cristo como aquel que nos amó y se entregó a sí mismo por nosotros, a la usanza del Sal 40: 7, como ofrenda a Dios (Ef 5: 2). De igual manera, la Epístola a los Hebreos describe a Jesús como el *prosforás* expiatorio (véase 10: 10, 14, 18). En Hechos 21: 26 y 24: 17, Pablo recuerda que Santiago y los ancianos de Jerusalén le pidieron que presentara las ofrendas en el Templo.

En el contexto que estamos estudiando, la ofrenda de los gentiles no es otra cosa que cada creyente se presente a sí mismo (véase Rm 12: 1). Pablo, como sacerdote, solamente está interesado en que sea una ofrenda aceptable[83]. De manera explícita declara que su sacerdocio está relacionado con el evangelio de

---

[82] Dado que «el pan de la Presencia» era técnicamente una ofrenda a Dios, la traducción de 1 R 7: 48 es una paráfrasis correcta.

[83] Cf. Greathouse y Lyon, «... se describe a sí mismo como un sacerdote que presenta *la ofrenda* [*prosforá*; Véase Hb 10: 5, 10, 14, 18] aceptable a Dios [*euprosdektos*; lit. agradable; véase Rm 15: 31; 2 Co 6: 2; 8: 12; 1 P 2: 5]».

LA SANTIDAD EN LA CARTAS DE PABLO

Dios. Asimismo, insiste en que cada persona tiene la responsabilidad de *presentarse a sí misma* ante Dios. Nadie más está a cargo.

Pablo modifica el sistema de sacrificios del Antiguo Testamento. Al igual que el sacerdote antiguo, le preocupa que la ofrenda sea aceptable. Sin embargo, la diferencia estriba en que no es quien presenta la ofrenda a Dios; su trabajo es asegurarse de que quien se presente como ofrenda sepa hacerla agradable. Para ello, se atreve (en quizás 6: 11, 19; 8: 9; 11: 17; 12: 3; 13: 3, 13; 14; 15: 1)[84] a exhortar a los santificados a que vivan de tal manera que su ofrenda sea agradable.

Según Levítico capítulo 22 versículos del 20 al 25, los sacrificios del pacto mosaico tenían que ser perfectos, sin manchas, moretones o impurezas. Hebreos 9: 14 y 1 Pedro 1: 19 indican que Cristo se ofreció a sí mismo como un cordero sin mancha o defecto, aceptable ante Dios (véase 2 Co 5: 21). Por consiguiente, los gentiles deben estar libres de manchas o defectos para que sean aceptados como ofrendas santas (véase Rm 12: 1). Como discutiéramos anteriormente sobre la terminología de *kadosch-hagios* ('santo, santidad') en el Antiguo Testamento, estos conceptos indican la consagración a Yahvé.

En Romanos capítulo 15 versículo 16, *hegiasmenei* forma una aposición con *prosforá* (la ofrenda ha sido santificada y la santificación sigue en efecto). Pablo está refiriéndose a una ofrenda particular: los gentiles. Zacarías capítulo 14 versículo 16 e Isaías 60 versículo 3; 66: 18 representan el pensamiento judío del Antiguo Testamento en cuanto al papel que los gentiles podrían tener dentro de la comunidad redimida. Para Pablo, tanto el gentil como el judío que acepta a Cristo como su Señor y Salvador ha sido santificado e incorporado a la Iglesia de Cristo Jesús. El significado de *hagiadzein*, 'santificar o consagrar', según Hering y Morris proponen en sus estudios de 1 Corintios, es

---

[84] Véase Sanday y Headlam, "Epistle to the Romans", 404.

evidente: la ofrenda ha sido separada o consagrada a Dios sin que ello altere su calidad. Ha ocurrido «por el Espíritu». Ya Pablo ha establecido (Rm 6) que la creyente fue separada para Dios a través de la muerte y resurrección de Cristo (véase 1 Co 1: 2 y 6: 11). Tanto 1 Corintios capítulo 6 versículo 11 como este pasaje resaltan la labor del Espíritu Santo que de hacer que la obra de Cristo cobre importancia personal, aunque no se indica cómo lo hace.

Bien valdría preguntarse, «si la creyente ha sido santificada, ¿acaso no es aceptable a Dios?». Pablo respondería: «¡No del todo!». Si tomamos en cuenta la legislación de Deuteronomio, el pueblo que es santo en virtud de su relación con Dios (Dt 7: 6; 14: 1, 21), tiene que serlo en su ética (Dt 26: 18s.; 28: 9.). Pablo sigue esa línea de pensamiento. Quienes han sido separados para Dios deben validarlo con un estilo de vida que le sea agradable, santo.

Capítulo 3

La Santidad en 1 Corintios

En su artículo, «El cristianismo en Corinto», C. K. Barrett comenta sucintamente que las epístolas de Pablo a los corintios presentan, «el cuadro más completo y multifacético de la manera en que Pablo esperaba que la Iglesia expresara sus convicciones teológicas»[85]. Este añade: «... de hecho, ninguna otra fuente es tan importante sobre las ideas de Pablo para la vida cristiana»[86]. La Iglesia del siglo XXI de varias maneras refleja la vida de la congregación corintia del siglo I y eso de por sí valida este estudio. Todavía la creyente enfrenta el desafío de vivir en medio de una sociedad decadente y moralmente contaminada. Por lo tanto, es importante que examinemos la manera en que el apóstol define la santidad en la correspondencia corintia (en este y el siguiente capítulo). Ello requiere que analicemos el vocabulario y los conceptos usados, en particular aquellos relacionados con el sustantivo griego *hagios* y sus derivados[87]. Por lo tanto, este capítulo examinará varios de los pasajes de 1 Corintios, incluyendo el uso de *hagios* y sus cognados[88].

HAGIOS Y SUS DERIVADOS

---

[85] Barrett, "Christianity at Corinth", 269–97.

[86] Ibíd, 269.

[87] De las cincuenta y siete veces en que Pablo usa *hagios* y sus derivados en sus cartas, veinte aparecen dentro de la correspondencia corintia.

[88] Cf. Hewett, "Use of the Hagios", 192-96. El estudio de Hewett ha sido invaluable. Sin embargo, téngase presente que Hewett no presta atención al sentido corporativo de este vocabulario.

La Santidad en 1 Corintios

La primera conclusión que derivamos de la manera en que Pablo usa el vocabulario de *hagios* ('santo') y sus cognados en sus cartas es que definen su concepto básico de la santidad. La importancia de ese lenguaje es evidente en 1 Corintios 1: 2; 6: 11 y 7: 14. Nótese el uso de *hagios* en 3: 16s. para describir al templo de Dios como santo. Este examen de varios pasajes demostrará que para Pablo la santidad es multifacética[89].

1 Corintios 1: 2

En su estudio del uso del verbo *haguiádzein*, B. F. Westcott concluye que el NT lo define como: a) 'consagrado para Dios; separarse del "mundo"'; b) 'un carácter conformado con tal dedicación'[90]. Tiene razón. Sin embargo, cabe señalar que «cualquiera de estos dos aspectos puede ser más dominante que el otro según sea el caso o ambos estar connotados»[91]. Estas distinciones serán señaladas según fuere necesario para determinar el matiz de la palabra dentro del contexto.

El primero es el significado más común dado a *haguiásmenois*, 'santificado en Cristo' en 1: 2. La iglesia de Corinto es descrita como tal porque sus miembros fueron consagrados como pueblo de Dios. Aquí, Pablo está declarando un hecho que sigue repercutiendo. Esta descripción dual encierra una tensión entre el concepto de la santidad como resultado, algo consumado y a la vez, aún no alcanzado. Por lo tanto, Pablo entiende que los corintios ya son santos y los trata como tales. Como creyentes en Cristo, ya han sido santificados; ahora son el pueblo de Dios, su propiedad. Sin embargo, están llamados a ser santos:

---

[89] Como dijéramos en el Capítulo 2, la santidad de Israel descansa sobre su relación con Dios. Tal es el caso de los cristianos corintios. Sin embargo, todavía es posible hablar de aspecto ético o requerido de santidad en un pasaje dado en términos de enfoque, es decir, el uso del grupo de palabras, como se muestra a menudo enfatiza un aspecto incluso cuando el otro debe ser asumido presente.

[90] Westcott, "Epistle to the Hebrews", 346s., Hewett, "Use of Hagios", 193.

[91] Greenlee, "What the New Testament Says", 20.

LA SANTIDAD EN LA CARTAS DE PABLO

tienen que convertirse en lo que ya son en cierto sentido[92]. Por lo tanto, Pablo insta a la iglesia de Corinto a «ser lo que ya es, es decir, "llamados a ser santos"»[93]. El participio expresa la relación de haber sido apartado para Dios; Dios concibe una comunidad escatológica que vive en Cristo Jesús. Además, que el participio *haguiásmenois* connote una relación es demostrado más adelante, cuando la comunidad de creyentes es reprendida por los pecados cometidos por sus miembros. En este sentido, la santidad de los corintios es semejante a la de los israelitas del Antiguo Testamento, quienes fueron llamados a ser un pueblo santo (véase Ex 19: 6; Lv 11: 44-45; 19: 2; 20: 7; Dt 7: 6; 14: 2, 21). Sin embargo, cuando leemos de la manera en que se comportaron por generaciones, particularmente durante sus andanzas por el desierto y el período de los jueces, cabe preguntarse que tenían de «santos».

Quizás la respuesta al enigma radica en que la santidad tiene que entenderse en términos de relación y pertenencia. Eran santos en la medida en que tenían un pacto con Dios y que habían sido separados de otras naciones como sus siervos. Eran su especial tesoro. Por lo tanto, es correcto que la santidad no significa meramente moralidad, aunque ciertamente es uno de sus aspectos. Cuando la limitamos a la conducta moral, pierde su gracia y se convierte en una mera actuación.

Vale la pena que prestemos atención a la frase, «santificado en Cristo Jesús» dentro del contexto del saludo de Pablo. Cabe la posibilidad de que estuviera anticipándose al argumento que planteará en los versículos del 11 al 31 de este capítulo. La iglesia corintia fue santificada en Cristo Jesús. Por lo tanto, no debía su lealtad a Pablo, Apolos, Cefas u otros sino a Cristo. Cabe señalar que el significado de la expresión, «en Cristo Jesús»,

---

[92] Watson, "First Epistle to the Corinthians", 3.

[93] Roetzel, "Grammar of Election", 230.

La Santidad en 1 Corintios

define el estatus de los «santificados»: para Pablo, la santificación ocurre en Cristo Jesús (véase 1 Co 1: 30; 6: 11)[94].

En el Antiguo Testamento leemos la insistencia en que Yahvé había santificado a Israel. Pablo redirige este énfasis hacia la obra de Cristo. Por otro lado, el versículo 30 del primer capítulo de 1 Corintios hace hincapié en el concepto de la incorporación. Dado que Pablo parte del Antiguo no debe descartarse el que haya aprovechado la gramática del griego para aludir a ambas ideas.

Nótese también que, Pablo modifica el sustantivo *iglesia* para referirse a todos los miembros y de ahí que el verbo esté en plural: «los que han sido santificados». Este cambio sugiere que no está pensando en la comunidad de Corinto como entidad, es decir, «la Iglesia». Antes bien, está pensando en cada uno de los miembros de este cuerpo y en lo que significa que hayan sido incorporados a la iglesia que Dios ha establecido en Cristo Jesús.

Pablo desarrolla este argumento en el capítulo 12 versículos del 12 al 27 con la metáfora del «cuerpo de Cristo». Por consiguiente, se vale que digamos que está hablando tanto de la «santificación» de la comunidad como de cada uno de los miembros. La comunidad a la que cada miembro pertenece es el punto de partida. De modo que estamos claros en que Pablo no establece una dicotomía entre la santidad personal y la corporativa.

1 Corintios 1: 30

En este pasaje, Pablo usa el sustantivo *haguiasmós* traducido como 'santificación'. Este versículo es el punto culminante de su argumento en los versículos del 26 al 31, los cuales tratan el tema del estatus social dentro de la comunidad. Aquí se reafirma

---

[94] En esta fórmula cuesta decidirse entre interpretar la construcción del dativo como ablativa o locativa. Véase Fee, "First Epistle to the Corinthians", 32 n. 20.

en que la salvación no es producto de las ideas sociales ni del esfuerzo humano. Para Pablo, las personas que gozaban de ciertos privilegios debido a su abolengo, riqueza o posición social no estaban por encima de los demás miembros de la «iglesia». En cambio, el verdadero marcador de estatus es que estén «en Cristo Jesús». Esto significa que estén unidas a Él. Dentro de este contexto se refiere a que Dios mediante Jesucristo ha establecido una relación de pacto con los creyentes corintios. Cristo se encarnó, murió y resucitó de entre los muertos, convirtiéndose en el todo de los creyentes.

El apóstol enseña aquí, en primer lugar, los orígenes de esta unión con Cristo y segundo, sus efectos. En cuanto a su origen, es de Dios, pues les dice: «Mas por obra suya estáis vosotros en Cristo», siendo la frase «por obra suya» la causa eficiente.

¿Qué entendemos de la santificación en este contexto? Uno de los problemas que presenta el versículo 30 del primer capítulo de 1 Corintios es que la santificación (*haguiasmós*) es mencionada junto con la justificación (*dikaiosune*). Por esto, Barrett ha sugerido que Pablo está utilizando dos metáforas que describen y significan una sola realidad[95]. En otras palabras, el apóstol está hablando de la santificación en términos legales, en el sentido de una sentencia de santidad que no está vinculada con la ética. Sin embargo, esta interpretación es objetable por las siguientes razones.

En primer lugar, no es el único pasaje en donde Pablo combina la *justificación* con la *santificación*. Por ejemplo, esta combinación aparece en Romanos capítulo 6 versículos 19 y 22, el cual es un pasaje crucial para la definición de la santificación. El versículo 19 manda a los lectores a presentar sus miembros a Dios «como esclavos a la justicia, para (estilo de vida) santifica-

---

[95] Barrett, "First Epistle to the Corinthians", 60s., argumenta que en este pasaje la justificación es principalmente forense, pero no solamente como «contra», sino más bien «un producto directo del sacrificio de Cristo para los hombres, su obra redentora».

ción». De manera similar, el versículo 22 del mencionado capítulo lee: «habiendo sido libertados del pecado y hechos siervos de Dios, tenéis por vuestro fruto la santificación, y como resultado la vida eterna». Los romanos cristianos tienen por «fruto la santificación», es decir, esta relación resulta en un *estado* de santidad o santificación[96]. De estos pasajes se desprende que Pablo está empleando el concepto de la *santificación* en un sentido ético, al contrario de un sinónimo de justificación o rectitud.

En segundo lugar, según lo argumentado por Lightfoot, la falta de una partícula gramatical entre justificación y santificación sirve para aclarar el significado y contenido de la sabiduría (*sofía*) dentro del pasaje[97]. Si su análisis es correcto, debemos entender que estas bendiciones junto con la sabiduría son tanto de Dios como nuestras siempre y cuando estemos en Cristo. Esta interpretación impide que leamos *haguiásmos* con un sentido forense. Nuestra vida en Cristo está marcada por la santidad de Dios y se espera que participemos de ella. Estos conceptos son éticos por cuanto 1 Corintios capítulo 1 versículo 30 menciona que la justicia, la santificación y la redención son de Cristo. Después de todo, Pablo nunca declara santo o justo a Cristo en un sentido legal. Antes bien, Cristo es santo por naturaleza.

La gramática griega del uso de *haguiásmos* amerita evaluación porque el verbo siempre va acompañado de una preposición. Esta construcción gramatical enfatiza el alcance integral de la nueva conducta de los creyentes: *eis haguiásmon* en Romanos capítulo 6 versículo 19 (en contraste con *eis ten anomian*); v. 22 (en contraste con «la muerte como fruto de la vida vivida bajo el poder del pecado»); y *haguiásmo* en 1 Ts 4: 7 (en contraste con

---

[96] No existe diferencia alguna entre santificación y santidad. El uso de *hagiasmós* básicamente está relacionado con «el *estado* (cursiva añadida) de ser santo más que con el proceso». *BAGD*, 8.

[97] Cf. Lightfoot, "Notes on Epistles of St. Paul", 167. También Fee, "1 Corinthians", 86, quien señala «que el hecho de que este (Pablo) use sustantivos, en lugar de verbos, para describir este evento, se debe a que están en aposición al sustantivo "sabiduría"».

epi akarthasía)⁹⁸. Incluso Ridderbos, quien insiste en que *haguiós* y sus derivados no tienen un significado ético, ha concluido que «en el sentido más amplio de apropiación y renovación moral tal es el caso en 1 Co 1: 30. Muy a menudo *haguiásmos* también connota aquello que el Espíritu está santificando y, por lo tanto, la condición de santidad como *haguiosúne*»⁹⁹. Se puede concluir que Pablo estaría rompiendo con su costumbre si hablara de la santificación en términos estrictamente forenses en 1 Co 1: 30. En cambio, debemos tener en cuenta que está sentando el tono de una carta en donde discutirá ampliamente el tema de santidad comunitaria. Por lo tanto, en vista de su preocupación por la santidad ética de la iglesia corintia y de su aplicación a Cristo, nada sustenta el argumento del uso forense de *haguiásmos*.

1 Corintios 3: 16–17

Pablo revela su concepto de la Iglesia en el capítulo 3 versículos del 16 al 17 de 1 Corintios. En los capítulos del 1 al 4 afirma que el mensaje de la cruz puede reunificar a la fracturada congregación corintia (1: 18-25). Luego, declara que Jesucristo es el fundamento de la iglesia (3: 10–11). Cuando llega a esta etapa de su respuesta al problema de las facciones, los celos y las contiendas entre los corintios (véase 1: 11; 3: 3), cita que una de sus principales razones para reprenderlos por su comportamiento es que como creyentes son el templo, el Santuario de Dios.

La opinión generalizada es que Pablo está refiriéndose a toda la Iglesia, en lugar de a los creyentes particulares. Sus epístolas exponen la relación entre cada persona y la Iglesia. Por consiguiente, el que apliquemos la metáfora del templo a la comunidad de creyentes no le resta a la relación personal con Dios porque de ello depende la integridad de la Iglesia. Pablo está refiriéndose a una comunidad viva, en lugar de una institución o individuo (véase 2 Co 6: 16; Ef 2: 20-22).

---

[98] Cf. Balz, "hagios," 18.

[99] 15. Cf. Ridderbos, "Paul: An Outline", 263.

La Santidad en 1 Corintios

Tras haberles recordado a los creyentes que son el templo (*naós*) de Dios, explícitamente afirma que se debe a que son la morada del Espíritu de Dios. El mismo Espíritu de Dios mora en cada uno de los diferentes miembros de la iglesia corintia, a la vez uniéndolos de un modo funcional.

Pablo parte del carácter de la Iglesia para afirmar el tratamiento que merece como templo de Dios: «Si alguno destruye el templo de Dios, Dios lo destruirá a él, porque el templo de Dios es santo». La implicación es evidente. Dado que la iglesia corintia es el templo de Dios y que sus miembros están vinculados los unos con los otros, sus divisiones la destruirán. La gravedad de su delito, por un lado, radica precisamente en que sus facciones están destruyendo esta morada del Espíritu de Dios. Por otra parte, su división es un pecado en contra de Dios, quien destruirá a los culpables.

Con esta afirmación Pablo atribuye a este nuevo templo espiritual de Dios la santidad del antiguo Templo de Jerusalén. La justificación es que el Espíritu de Dios mora en los creyentes como iglesia. Por lo tanto, sus divisiones profanan la santidad del templo y pudiera llevar a la destrucción de los transgresores.

Que Pablo concluya este recordatorio y advertencia para los Corintios declarando «y eso es lo que vosotros sois», no está afirmando que algunos de los creyentes sean santos. Antes bien, está afirmando que son el templo de Dios, al que destruirán con sus divisiones, exponiéndose a su vez a que Dios los destruya. Este uso de la santificación se acerca a la justificación, sin aludir a la condición moral del creyente. Los creyentes han sido separados del mundo pecador (Rm 6: 22) y traídos a la gracia y la comunión de Jesucristo (1 Co 1: 9; Ga 1: 6) porque respondieron al llamado divino de los ministros de la palabra. Entraron en una comunidad con unas actitudes existenciales que la distinguen marcadamente de su entorno.

LA SANTIDAD EN LA CARTAS DE PABLO
1 Corintios 6: 11

Pablo evidencia con sus argumentos en su epístola a los corintios su definición del evangelio es una vida transformada y que la salvación en Cristo estaría incompleta sin la imitación de su comportamiento y actitudes. En 1 Corintios capítulo 6 versículos del 1 al 11 discute el problema de los litigios ante jueces paganos. Está exasperado con los corintios porque no entienden, primero, quiénes son en Cristo (1 Co 6: 2-4) y, segundo, que por eso estén destruyendo el testimonio de la comunidad ante el mundo (1 Co 6: 6). El fracaso de las partes involucradas se debe a que la iglesia no ha cumplido su llamado. Su argumento tiene como base su concepto de la comunidad cristiana como el pueblo escatológico de Dios, lo cual debe determinar su estilo de vida en el siglo presente.

Para que entendamos este versículo es menester que tomemos en cuenta la primera declaración: «Y esto erais algunos de vosotros». En 1 Corintios capítulo 6 versículo 11, Pablo no dice que los corintios estuvieran actuando de cierta manera o practicando tales cosas, como bien pudiera haber sido el caso. En cambio, los contrasta con los «injustos» (v. 9) que no heredarán el Reino de los cielos. Tras haber enumerado los pecados de los «injustos», dice: «Y esto [lo antes dicho] erais algunos de vosotros». No está refiriéndose a que los corintios hayan cambiado algunos de sus hábitos, sino a que sufrieron un cambio en su ser, que concuerda con 1 Co 1: 30; 2 Co 5: 17. Además de vivir de un modo distinto, tienen que concienciarse de su nuevo carácter como pueblo lavado, santificado y justificado. La implicación del triple recordatorio es clara: esa transformación conlleva una nueva vida moral[100].

Pablo afirma que los miembros «eran… ya no son» porque al haber sido lavados, santificados y justificados, también

---

[100] Cousar, "Theological Task", 99. Véase además, Watson, "First Corinthians", 57; Fee, "1 Corinthians", 245, Ve un imperativo inherente: «Por lo tanto, vivan en la novedad de Cristo y dejen de comportase como impíos».

La Santidad en 1 Corintios

fueron transformados[101]. El triple uso de la fuerte conjunción adversativa *allá* («pero») junto con los tres tiempos del verbo en aoristo (griego antiguo) sugieren que hubo un rompimiento con la vida pasada y un nuevo ser ha sido creado. El creyente ha entrado en una nueva existencia en lo referente al Señor Jesucristo (véase 1 Co 1: 2) y el Espíritu de Dios.

Pablo sorprende cuando porque solamente en este pasaje opta por la expresión «fuisteis lavados» en lugar de «bautizados», haciendo hincapié no solamente en la ceremonia, sino en sus resultados. Nada indica que el orden temporal de la justificación y la santificación sean importantes porque en 1: 30 dice Cristo es la «justicia y santificación» del creyente, pero el orden es invertido en 6: 11. Pablo no está enfocado en el orden del proceso. Además, como Fee bien ha señalado, «cada uno de los verbos fue escogido por razones contextuales, no dogmáticas; y su secuencia es teológicamente irrelevante»[102].

La frase «fuisteis santificados» puede ser interpretado tanto como una ampliación del anterior, es decir, del efecto del lavamiento, la santidad; o como una referencia a que han sido separados y consagrados para Dios. En este sentido, pudiera haber sido traducido como: «Además de haber sido purificados, también han sido constituidos como un pueblo especial». Sin embargo, es poco probable que sea el sentido de Pablo.

El que Pablo haya recurrido al verbo en la voz pasiva («fuisteis santificados») es absolutamente normal y cónsono con Éxodo capítulo 19 versículos 10, 14 y 22, en donde los sacerdotes debían santificarse, pero Moisés estaría a cargo de santificar al pueblo. En contraste, Levítico capítulo 20 versículo 7 ordena, «Santificaos, pues, y sed santos...», dando a entender que el

---

[101] Aquí Pablo describe esta realidad espiritual de la conversión a Cristo con tres figuras retóricas. Cf. Talbert, "Reading Corinthians", 26.

[102] Fee, "1 Corinthians", 246.

LA SANTIDAD EN LA CARTAS DE PABLO

pueblo debe ser un agente activo en su obediencia a los mandamientos para el culto y la ética

En 2 Crónicas capítulos 29 y 30, los sacerdotes, levitas y laicos tienen que «santificarse» por igual; es decir, tenían que purificarse a sí mismos para la adoración (29: 5, 15, 31, 34, 30: 15, 17). Otros pasajes del AT y Pablo están de acuerdo en que a veces la santificación se recibe pasivamente. En 1 Corintios capítulo 6 versículo 11, Pablo está siguiendo la línea de pensamiento de Ezequiel capítulo 36 versículos del 25 al 29. Ezequiel profetizó que los corintios serían purificados por aspersión y santificados de una vez para siempre. Al ser santificado, el creyente participa en la separación del pecado y el compromiso de obediencia a Dios de Cristo Jesús. Por ende, puede sugerirse que implica un cambio relacional[103]. Se trata de separarse de la vida anterior y pasar a la nueva; como ya fue señalado, es relacionarse con Cristo de tal manera que sea nuestra salvación—vida.

Sin embargo, esa afirmación tiene unas connotaciones éticas enormes. Pablo está afirmando que los corintios fueron santificados dentro del contexto de los cambios éticos que han ocurrido en sus vidas. Puesto que fueron santificados, pasaron de la idolatría a la adoración de Cristo; de la inmoralidad a una vida regida por los principios de Cristo y su Espíritu[104]. Por eso les escribe:

> ¿O no sabéis que los injustos no heredarán el reino de Dios? No os dejéis engañar: ni los inmorales, ni los idólatras, ni los adúlteros, ni los afeminados, ni los

---

[103] Cf., Barrett, "1 Corinthians", 142; Bruce, "1 and 2 Corinthians", 62; Morris, "First Epistle of Paul to the Corinthians", 98; Moffatt, "First Epistle of Paul to the Corinthians", 66; Héring, "1 Cor", 42.

[104] Cf. Parry, "First Epistle of Paul to the Corinthians", 99: «[La nueva vida] por consiguiente, es totalmente independiente y distinta de la vieja manera pagana y exige nuevos principios, costumbres y hábitos». Cf. Hewett, "Use of Hagios", 202.

homosexuales, ni los ladrones, ni los avaros, ni los borrachos, ni los difamadores, ni los estafadores heredarán el reino de Dios. Y esto erais algunos de vosotros; pero fuisteis lavados, pero fuisteis santificados, pero fuisteis justificados en el nombre del Señor Jesucristo y en el Espíritu de nuestro Dios (1 Co 6: 9-11).

Aunque Pablo contrasta a los corintios justificados con los injustos (*adikoi*) que no heredarán el Reino de Dios (v. 9s.), su justicia no estriba en su comportamiento, que de por sí se esperaba que fueran éticos.

Las declaraciones de Pablo «fuiste lavados» (*apelusaste*) y «fuisteis santificados» (*hagiastete*) expresan dos aspectos de la nueva relación de los creyentes con Cristo. Ahora emplea un tercer aspecto para denotar que por su fe en Cristo son partícipes de su justicia, es decir, no se trata meramente de vivir de acuerdo con unas normas éticas (véase 2 Co 5: 21; 1 Co 1: 30).

1 Corintios 7: 12-14, 16

El debate continúa acerca de a qué está refiriéndose Pablo cuando llama *santo* y *santificado* al cónyuge no creyente y sus hijos dentro del contexto del capítulo 7 versículos 14 y 16 de 1 Corintios. El análisis del versículo 14 requiere que entendamos el término *suneudokeo*, 'aprueba' o 'consiente', en alusión a la esposa (v. 12) y al marido no creyentes (v. 13). Aunque Pablo los describe como incrédulos, es evidente que ambos han consentido en convivir con su cónyuge creyente. Esta ha sido decisión cueste lo que cueste (o quizás debido a) o a pesar de que Pablo insiste en que los creyentes deben cumplir las exigencias éticas y religiosas del cristianismo (véase p. ej., 1 Co 4: 15-17; 5: 1-5, 11; 6: 7, 9, 13, 15, 18, 20b). En consecuencia, debe señalarse que probablemente este cónyuge no creyente no antagoniza con su pareja. Al parecer ha tolerado su conversión al cristianismo.

Dentro de la relación matrimonial, los participantes se han librado de la contaminación inherente al adulterio; el templo del Espíritu de Dios no es profanado. Este cónyuge no creyente se distingue del resto de los impíos en que, por quedarse dentro del matrimonio, se ha acercado a la comunidad santa. Tenga en cuenta que Pablo no está implicando que el cónyuge no creyente esté relacionado con el resto de la comunidad cristiana de Corinto (la iglesia, v. 14)[105]. En cambio, está afirmando que el cónyuge no creyente es santificado por su cónyuge creyente. El tema principal de este pasaje es la relación del creyente con su cónyuge incrédulo. ¿Debe continuar la relación? Sería un error que sugiriéramos que esa no creyente ha quedado vinculada con la iglesia de Dios. Una mejor interpretación es que por medio de su cónyuge, quien es miembro de la iglesia y de Cristo, ha entablado una relación indirecta con la iglesia de Dios.

Pablo no discute el carácter ni el papel del cónyuge no creyente en esta nueva asociación con la comunidad creyente. Pero, como ya hemos señalado, el versículo 12 indica que ha consentido en continuar el matrimonio dentro del ámbito de la comunidad cristiana. La pregunta retórica del versículo 16 también indica que este cónyuge no se ha convertido a Cristo[106]. Por lo tanto, Pablo no está diciendo que por medio del creyente ahora es partícipe del templo del Espíritu de Dios. El Espíritu de Dios mora solamente en la creyente (véase 1 Co 6: 19). Tampoco está diciendo que en virtud de su matrimonio con un creyente ahora es «miembro de Cristo». Esa sería la conclusión lógica de su argumento en el capítulo 6 versículos 15 y 17b; pero, como hemos visto, Pablo no siempre lleva su pensamiento a las conclusiones lógicas de sus lectores.

1 Corintios capítulo 6 versículos del 15 al 20 define como miembros[107] a quienes han profesado su fe y compromiso con Cristo Jesús por medio del bautismo. El cónyuge no creyente no

---

[105] Hewett, "Use of Hagios", 215.

[106] Casi todas las epístolas auténticamente paulinas usan *sodzo* denota un acto de salvación, a veces con una connotación escatológica. Cf. Porter, "What Does It Mean", 160–75.

[107] Véase la discusión posterior.

ha recibido la bendición de la salvación ni sus bendiciones (p. ej., el fruto del Espíritu, tal y se enumera en Ga 5: 22-24). En cambio, su relación íntima con la creyente lo bendice.

Queda una pregunta muy importante: «¿Será posible transferirle la santidad a otra persona?». O visto de otra manera: «¿Existe algún tipo de contagio de santidad?». En este sentido, nótese que Pablo está implicando que nuestras acciones afectan el comportamiento y el estilo de vida de los demás. En el tiempo de Pablo, la familia era una unidad coherente muy distinta de nuestra sociedad individualista. Best señala,

> Nuestro individualismo se debe en parte al Renacimiento y a la Reforma, sobre todo porque la segunda enfatiza la creencia personal. Por lo tanto, nos cuesta pensar en la santidad como una virtud transferible del creyente al resto de la familia. Sin embargo, cabe el argumento de que aún en esta sociedad individualista existe una solidaridad familiar[108].

Sin embargo, Pablo toma en cuenta el concepto judío y del Antiguo Testamento de la solidaridad corporativa y la aplica de doble manera a este pasaje. En primer lugar, el creyente lleva la voz cantante en su hogar en cuanto a la religión porque su fin es que su cónyuge se acerque a la iglesia. De igual manera, es quien determina la relación de sus hijos con la iglesia[109].

Así, los hijos de este matrimonio también son considerados santos (v. 14b). En otras palabras, como miembros de una familia santificada, en cierta medida participan de la membresía de la iglesia. Aquí volvemos al punto de que la iglesia acepta a los hijos de estos matrimonios mixtos, quienes tanto en su casa

---

[108] Best, "1 Corinthians 7: 14", 165: Sin duda, Best ha acertado. No obstante, debe aclararse que la solidaridad familiar no debe opacar ni la responsabilidad ni la fe individual, como Best hace.

[109] Cf. Cullmann, "Baptism in the New Testament", 53: «... La idea de una solidaridad familiar en la santidad, a partir de la unión con el cuerpo de Cristo, sirve de base a la declaración de 1 Co 7: 14...».

como en la iglesia se benefician de las bendiciones de su padre o madre creyente.

Los comentarios de Witherington vienen al caso:

En 1 Co 7: 14, vemos una diferencia dramática con la santidad del Antiguo Testamento. No se trata de que el cónyuge incrédulo manche al creyente, sino todo lo contrario; el cónyuge no creyente es santificado o purificado por su relación íntima con la creyente. Tal vez Pablo esté solamente hablando de que la relación es «limpia», por lo que las relaciones maritales entre ambos no son contaminantes. Así que, aquí la santidad tiene un sentido no soteriológico de «limpieza» o «consagración». Aún así, es una declaración increíble si tomamos en cuenta el trasfondo de Pablo. Ve al cristianismo más como un agente de transformación mundial que una religión de rechazar al mundo. Esto es muy importante porque los cristianos que buscan ser santos y agradables a Dios no tienen que romper sus relaciones con el mundo. De hecho, como 7: 16 indica, pueden tener un efecto positivo sobre el mundo, en lugar de dejarse contaminar por este. Aquí Pablo exhorta al alejamiento de las actitudes, no a retirarse del mundo[110].

Quizás la mejor aclaración de la manera en que 1 Corintios capítulo 7 versículos 14 y 15 relacionan el verbo *santificar* (*hagiadzo*) con el estatus de *santo* (*haguiós*) radica en el pasaje anterior, 1 Co 6: 15-20, en el que Pablo condena que el creyente sostenga relaciones sexuales con una prostituta. En ese pasaje, Pablo atribuye el poder de unir a los participantes de un cuerpo o una carne a la relación íntima entre un hombre y una prostituta (v. 16s.). En el capítulo 6 versículo 19, afirma que el cuerpo del creyente ya sea como el grupo de la iglesia o en su carácter individual, es el templo del Espíritu Santo. De ahí se desprende que

---

[110] Witherington III, "Paul's Narrative Thought World", 321.

el resultado de la unión del cónyuge creyente, cuyo cuerpo es el templo del Espíritu Santo, santifique al cónyuge no creyente, convirtiéndole en templo del Espíritu Santo. Sin embargo, fíjese en que el creyente y la prostituta no tienen una relación consagrada, sino contaminada porque es pasajera e inmoral. El creyente está colocándose bajo el ámbito de la inmoralidad porque ha decidido corromperse en lugar de santificarse. Por lo tanto, está corrompiendo el templo del Espíritu Santo de Dios (véase Ez 44: 7-9), en lugar de traer a esa persona a la iglesia. Hays resume el argumento de Pablo:

> El hombre que sostiene relaciones sexuales con una prostituta no solamente es infiel a Cristo, sino que ha tomado su propiedad (su cuerpo) y lo ha vinculado con la esfera de los impíos... La unión de un miembro de la iglesia con una prostituta es desastrosa para la comunidad cristiana, precisamente porque crea un vínculo con ella; por lo tanto, es un acto de profanación que vincula a los miembros del Señor con el mundo pecaminoso. El resultado es confusión y contaminación[111].

1 Corintios 7: 34

El contexto del versículo 34 es crucial para entender la manera en que Pablo aplica *santo*. Este quería minimizar las distracciones y preocupaciones de la vida porque el tiempo era corto. El objetivo era «asegurar vuestra constante devoción al Señor» (7: 35). Su sugerencia a casados y solteros que permanezcan en su estado civil no tiene que ver con la relación, sino con «la presente aflicción» (7: 26) porque «el tiempo ha sido acortado» (7: 29). El trasfondo es un mundo pasajero (7: 29-31).

A lo largo de esta epístola, Pablo trata de inculcarles a los corintios las implicaciones de la vida en una época escatológica. Claro, esa sea solamente el motivo de su exhortación, como su-

---

[111] Hays, "First Corinthians", 104-5.

LA SANTIDAD EN LA CARTAS DE PABLO

giere Witherington, es «solamente una posibilidad»[112]. Sin embargo, este muy acertadamente comenta: «Pablo cree que los cristianos ya están viviendo en ese siglo comenzado por la muerte y la resurrección de Cristo y, por ende, el tiempo apremia»[113].

La soltera... la casada. A pesar de que el texto es un tanto ambiguo en cuanto a la «soltera» o «la doncella» representan dos grupos distintos, sí está claro que es un contraste de responsabilidades cotidianas. Las casadas están interesadas en complacer a sus maridos. Otras mujeres no tienen que preocuparse por un marido. Por lo tanto, pueden dedicarse exclusivamente a «las cosas del Señor, con el fin de... que... sean santas tanto en cuerpo como en espíritu»[114].

Santa aquí tiene significa una de dos: el haber sido consagrada para Dios como parte de *hagioi hoi* («los santos») o con el sentido de pureza ética[115]. Para determinar cómo Pablo está aplicándola, debemos tomar en cuenta sus comentarios sobre lo que sucede al momento de la conversión para el beneficio del creyente.

Como ya fuera señalado, Pablo afirma explícitamente que Cristo se hizo la santificación del creyente (1 Co 1: 30) y quienes han sido bautizados en Cristo, también han sido santificados (1 Co 6: 11). Afirma que el cuerpo del creyente le pertenece al Señor (1 Co 6: 13); el que se une al Señor es un espíritu con él (1 Co 6: 17). De modo que el creyente—sea casado o soltero, con o sin una familia—no debe preocuparse por consagrarse en el sentido de pertenecerle al Señor. Esto ocurrió cuando se convirtió al Señor.

---

[112] Witherington III, "Community and Conflict in Corinth", 179.

[113] Ibíd.

[114] Hewett, "Use of Hagios", 226s.

[115] Ibíd., 230.

La Santidad en 1 Corintios

Tampoco puede decirse que el creyente se convierte en propiedad del Señor «en espíritu» o «cuerpo» y que Pablo esté enfatizando (a través de «cuerpo y espíritu») que sea necesario consagrarse más a fondo para Dios. El argumento de 1 Co 6: 12-20 presupone que el creyente ya está unido — en cuerpo y espíritu — al Señor (véase Rm 6: 22; 7: 4, 6; 8: 9; Ga 3: 26). Por consiguiente, cuando dice las que «se preocupan por las cosas del Señor, para ser santas», no está refiriéndose a que entablan una relación con el Señor. Ya existe[116]. De esto se desprende que Pablo no está refiriéndose únicamente a la relación con Dios, sino a la santidad ética[117]; es decir, tanto al requisito como a los resultados de la relación establecida con Dios.

Esto concuerda con el Antiguo Testamento, en donde se insiste que Israel era el pueblo de Yahvé, no de cualquier otro dios[118]. Por ende, su responsabilidad era oír y acatar los mandamientos de Yahvé, de tal manera que fuera un pueblo santo, no solamente en cuanto a la pureza de su ética, sino de alejarse de otros dioses (véase Ex 19:6; 22:31; Dt 26:16; 28: 9.; Lv 19: 2; 20: 7, 26). Los escritores del Pentateuco estaban convencidos de que el privilegio de ser el pueblo santo de Yahvé conllevaba la obediencia a sus mandamientos, la que a su vez santificaría la ética de cada persona (es decir, reflectores de la naturaleza de su Dios santo). Ezequiel es uno de los profetas que expresa este concepto cuando anuncia que Yahvé santificaría su nombre entre las naciones mediante la creación de un remanente de Israel que esta-

---

[116] Ibid.., 231.

[117] Aunque Pablo dice que la soltera se preocupa de ser éticamente puro, mientras que la casada de complacer a la pareja, no debemos asumir que la primera tenga una mayor capacidad de mantenerse pura que la segunda. Por el contrario, como señaláramos anteriormente, Pablo quiere evitarle al creyente ansiedades indebidas (cf. vv. 28b, 32a). Éste reconoce que casarse no es pecado (vv. 9, 28a, 36). Pero, reconoce que las realidades de la vida matrimonial limitan el tiempo de los cónyuges para «las cosas del Señor».

[118] Cf. Ex 19: 5; 23:30; Dt 6: 7; 14: 2; Lv 20: 24, 26b.

LA SANTIDAD EN LA CARTAS DE PABLO

ría limpio de todo pecado, tendría un nuevo corazón y andaría en sus estatutos y ordenanzas (Ez 36: 23-28).

Pablo sigue la línea de pensamiento de los escritores del Pentateuco y de los profetas en cuanto a que la Iglesia de Dios, como su pueblo santo (es decir, como su propiedad), tiene la responsabilidad de reflejar su santidad (es decir, su pureza ética) en su vida diaria. En 1 Corintios 7 versículo 34, Pablo indica la medida de la santidad de la creyente con su énfasis en el cuerpo y el espíritu: tiene que ser santa en todo su ser y personalidad. La voluntad, el razonamiento y el comportamiento están incluidos en ambos términos[119]. Quien ha sido santificada (es decir, entrado en una relación con Dios) a través de su compromiso con Cristo Jesús tiene que comportarse éticamente—según el patrón del AT—cuidando de «las cosas del Señor».

Dado que los capítulos del 5 a 7 giran en torno a la pureza ética, pudiera sugerirse que el preocuparse por las cosas del Señor implica, a su vez, el deseo de someterse a sus mandamientos y de vivir una ética pura. La inmoralidad, como Pablo denuncia fuertemente en estos capítulos, es una de las manifestaciones de la impureza ética. Otras formas son enumeradas en 6:9s. Queda claro que la vida de la creyente— casada o soltera— tiene que ser pura y veraz (véase 5:8). De esta manera, glorificará a Dios en su cuerpo (véase 6: 20) y se ocupará de las cosas del Señor, teniendo como resultado una ética santa[120].

OTROS PASAJES RELACIONADOS CON LA SANTIDAD

Pablo discute en varios de los pasajes de 1 Corintios las amenazas contra la santidad que percibe entre los corintios. En lugar de ofrecer un análisis exhaustivo de las obligaciones cristianas, opta por resaltar sus patrones emblemáticos y las conductas que deben ser evitadas del todo. Se limita a señalarle a este nuevo

---

[119] Cf. Best, "One Body", 76.

[120] Hewett, "The Use of Hagios", 233.

La Santidad en 1 Corintios

pueblo del pacto qué conductas debe modelar y cuáles debe evitar por completo.

1 Corintios 5: 1-13

En 1 Corintios capítulo 5, Pablo expresa su consternación ante la franca tolerancia de la comunidad corintia hacia el pecado sexual. Cabe señalar que el ofensor no es el único llamado a cuentas, sino toda la comunidad por su laxitud hacia el pecado. El dejar las cosas tal y como estaban exponía el cuerpo a la contaminación de la «levadura» (1 Co 5: 7-8). Hay que tomar en cuenta la idea de la culpabilidad por asociación. Pablo no lo pensó dos veces para aplicarles el estatuto de la Ley del Antiguo Testamento que protegía la santidad del pueblo de Dios Antiguo Testamento: «Así quitarás el mal de en medio de ti» (véase Dt 17: 7; 1 Co 5: 13). Existe un marcado contraste entre la Iglesia y el mundo. Por lo tanto, los amonesta a que tomen las medidas apropiadas que está sugiriéndoles para que resuelvan este problema.

Según Pablo, el pecado en cuestión «no existe ni siquiera entre los gentiles» (5: 1). Este aconseja que el ofensor sea excomulgado, a tenor con uno de los mandatos del código de santidad. Levítico ordena que quienes cometen los pecados discutido en el capítulo 18 «serán cortadas de entre su pueblo» (18:29) y que el hombre que se acueste con la esposa de su padre debe morir (20: 11). Pablo se acerca a esta penalidad cuando aconseja a los corintios: «Entregad a ese tal a Satanás para la destrucción de su carne, a fin de que su espíritu sea salvo en el día del Señor Jesús»"(1 Co 5: 5). Aunque no está pidiendo que sea ejecutado, es probable que haya tomado la frase «destrucción de su carne» del mandamiento anterior. Además, manda a los corintios: «Expulsad de entre vosotros al malvado» (5: 13)[121].

¿Por qué Pablo insiste en un castigo tan cruel? Según los versículos del 6 al 8, los corintios tienen que ser escrupulosos

---

[121] Cf. Dt 17: 7; 19: 19; 22: 21; 24: 7.

LA SANTIDAD EN LA CARTAS DE PABLO

con su carácter de pueblo santo[122]. Este lenguaje ha sido tomado de la ley mosaica[123]. Tanto los judíos como los grecorromanos veían la levadura como un símbolo del mal. Esta lección de Pablo (acerca de la santidad del pueblo de Dios) y el origen de su metáfora (Ex 12: 18-20; Nm 28: 16-17; Dt 16: 3-4) comprueban el grado al que está siguiendo el patrón de la ley mosaica. De la misma manera en que la levadura debe ser desechada antes de la Pascua para que no leude la masa[124], los corintios deben echar fuera toda maldad (5: 6-8). Shedd señala que «esta metáfora de por sí es la mejor ilustración de la manera en que Pablo entendía la solidaridad de la iglesia. El pecado de un miembro (en este caso el incestuoso) implica a toda la comunidad». Por lo tanto, Pablo sugiere que toda la comunidad es susceptible a la contaminación.

Pablo traza una división bien fuerte entre la Iglesia y la sociedad, un límite bien demarcado (1 Co 5: 9). Este principio descansa sobre el hecho de que Cristo y su Iglesia han comenzado una nueva realidad en el mundo. En este sentido hasta distingue entre los de «afuera» (1 Co 5: 12) y los de «adentro» (1 Co 5: 12-13; 1 Ts 4: 12). Le preocupa que esos límites claramente separen a los de adentro de los de afuera. Como Mitchell bien señala, esta distinción no tenía precedentes en el mundo antiguo[125].

En 1 Corintios capítulo 5 versículos del 6 al 7, Pablo utiliza el verbo *ekkatarate*, 'limpiar de, purificar', el cual está relacio-

---

[122] Thielman, "Paul and the Law", 90.

[123] Para más información sobre el trasfondo cultural que da origen a este lenguaje véase Windisch, «ζύμη,» en TDNT, 2: 902-6 y Fee, "1 Corinthians", 215-16. Patrick, "Rethoric", 434: «Mientras que la Ley pretende limitar la responsabilidad, una comunidad naturalmente reconocería las dimensiones colectivas de cualquier infracción al orden público. Deuteronomio plantea esta conciencia incipiente como una teoría. La idea central del libro es la frase "quitarás el mal de en medio de ti"».

[124] Shedd, "Man in Community", 177.

[125] Mitchell, "Rhetoric of Reconciliation", 228.

nado con el verbo *katarizeín*. La iglesia de Corinto había albergado un hombre incestuoso (1 Co 5) y profanado el templo de Dios (1 Co 3: 17). El que no se hubiera responsabilizado por no haberlo reprendido estaba fermentando el testimonio de Cristo. Por consiguiente, los amonesta enérgicamente a que «limpien» toda levadura de malicia y maldad (o una mala actitud y perversidad) para que participen de la cena del Señor con sinceridad y verdad. Esta exhortación sin duda tiene que ver con el pecador, pero dejarlo como un asunto personal sería opacar las verdaderas implicaciones del pasaje.

Pablo está acusando a la iglesia de insubordinación. *Ekkatarate*, 'limpiar de o purificar' se refiere a algo más que el castigar a ese pecador. Más bien está refiriéndose a que la iglesia purifique su corazón del mal de la irresponsabilidad y asuma una actitud madura, santificada y responsable con la verdad. En este pasaje resalta la rectitud y moral personal de cobrar más conciencia sobre la responsabilidad propia. En ambos casos, es vital que nos involucremos con la iglesia. Su aplicación al culto lo vemos en el capítulo 14 versículo 20 de Romanos, en donde Pablo afirma que todo lo creado es limpio. «En realidad, todas las cosas son limpias» (*kataros*), pero el hermano o la hermana egoísta pueden contaminarlas como piedras de tropiezo para los demás.

Quien comete un acto inmoral está arriesgando su bienestar, pero más aún, el de la comunidad tanto por la naturaleza de sus acciones como sus efectos la armonía del cuerpo (véase 3: 17). La comunidad solamente salvará su relación con Dios si remueve al ofensor[126]. Barrett acertadamente comenta: «Basta un miembro para que toda la iglesia se corrompa»[127].

En resumen, se puede concluir que Pablo está preocupado porque la presencia de este incestuoso amenazaba la pureza

---

[126]Cf. Zaas, "Cast Out the Evil" 1 Co 5: 13b, 259–61.

[127] Barrett, "First Corinthians", 27.

de la iglesia, el cuerpo de Cristo. Nótese que está interesado en la salud del cuerpo de Cristo; la situación de esta persona es secundaria[128].

Pablo aprovecha para confrontar este caso de inmoralidad y a la vez, definir la naturaleza de la propia comunidad[129]. Aquí está demostrando la continuidad del Antiguo Testamento con el Nuevo, además de establecer el concepto de la santidad comunitaria o la santificación de la comunidad como el eje del lenguaje bíblico de la peculiaridad del pueblo de Dios en contra del mundo[130]. Por lo tanto, Pablo ha establecido en el capítulo 5 versículos del 1 al 13 de 1 Corintios que confrontar al pecador es crucial para salvaguardar la relación de la comunidad con Dios[131].

1 Corintios 6: 1-11

Esta dinámica continúa en el capítulo 6. Estas conexiones no son tan obvias, pero ambos capítulos estriban sobre la preocupación del apóstol por los límites del cuerpo. Los primeros once versículos del capítulo 6 reprenden a los corintios por la práctica de resolver sus litigios en las cortes paganas. Pablo tiene como fin que la iglesia desarrolle y mantenga su pureza, pero se escandaliza cuando oye que ni siquiera guardan las apariencias de unidad, respeto y cuidado mutuo porque estaban dirimiendo sus asuntos en las cortes de una ciudad pagana. Esto era preocupante en varios sentidos, como el que tuvieran tan poca fe en la integridad de sus hermanos y hermanas al punto de llevarlos a los

---

[128] Cf. Campbell, "Flesh and Spirit in 1 Cor 5: 5", 331-42. Campbell quizá se extralimita cuando dice que Pablo solamente está preocupado por la «carne» y el «espíritu» de la iglesia.

[129] Zaas, "Cast Out", 261.

[130] CF. Rosner, "Function of Scripture", 515: «Además, la enseñanza asociada con la fórmula de expulsión de Deuteronomio concuerda con el punto de vista de Pablo acerca de la responsabilidad de cuerpo, al que se dirige como grupo, exhortándolo a lamentar el pecado del hombre como si fuera de todos».

[131] Ibíd.

«tribunales»[132]. Sin embargo, Pablo no está solamente preocupado por la vergüenza de que ventilaran sus asuntos en los tribunales de Corinto, en donde la corrupción era notoria. Por el contrario, el escándalo radica en que los jueces eran «incrédulos» y representantes del «mundo», árbitros inadecuados de los asuntos de los creyentes[133]. Para Pablo, era «absurdo que los cristianos se sometieran al juicio de los *impíos* e *incrédulos* a los que pronto juzgarían junto con el resto del 'mundo' (6: 1-3)»[134]. Estos conflictos afectan a toda la comunidad; por lo tanto, debe ser resueltos dentro de la propia comunidad. Cousar señala que, «el verdadero problema era que la congregación carecía de profundidad teológica. Estaba avergonzándose a sí misma porque no comprender a sí mismo como comunidad escatológica»[135]. Thielman sugiere con razón que:

> Pablo está consternado por este comportamiento por dos razones. En primer lugar, es un peligro para la santidad de la comunidad porque los de afuera están juzgando la conducta ética que los separa del pueblo de Dios (vv. 1-8). En segundo lugar, también está condenando las clases de comportamiento que desembocaron en tales pleitos civiles y que son totalmente incompatibles con su estatus de pueblo restaurado... Ezequiel profetizó que Dios los purificaría de una buena vez rociándolos con sangre (Ez 36: 25-29), como Pablo trae a colación para resaltar su consternación[136].

Pablo está evocando el lenguaje de Deuteronomio capítulo 1 versículos del 15 al 16, en donde Moisés describen el sistema de adjudicación para Israel. Según su juicio, la comunidad

---

[132] Reid, "Paul: A Pattern", 65-80.

[133] Winter, "Civil Litigation", 559-72.

[134] Barclay, "Thessalonica and Corinth", 59.

[135] Cf. Cousar, "Theological Task", 98.

[136] Thielman, "Paul and the Law", 90.

LA SANTIDAD EN LA CARTAS DE PABLO

corintia ha violado su carácter de pueblo de Dios, tal y como es descrito en la ley mosaica, porque ha llevado sus casos ante jueces incrédulos. Era de esperarse que fueran una sociedad alternativa en Corinto. Por esta razón insiste en la distinción entre «los santos» de la comunidad (6: 1), «el mundo» (6: 2) y «los que nada son en la iglesia» (6: 4). La santidad implica una separación o distinción.

1 Corintios 6: 12-20

Primera de Corintios capítulo 6 versículos del 12 al 20 trata un caso de fornicación (*porneia*) dentro de la iglesia corintia. Los corintios no habían guardado su pureza sexual (6: 12-21) justificándose con que su libertad en Cristo era una licencia para el pecado (6: 12). Pero, puesto que fueron comprados a un gran costo y que sus cuerpos eran el templo del Espíritu Santo, no debían abusar de los límites de la verdadera gracia.

Este problema de su libertinaje con la carne probablemente tenía sus raíces en su trasfondo pagano y, en parte, la filosofía griega (dado que el estoicismo y el hedonismo divorcian el alma del cuerpo)[137]. Por lo tanto, la casa de Cloé le ha expuesto a Pablo unos problemas cuyo denominador común es la influencia de la filosofía pagana en la interpretación de la vida cristiana, como vemos en los temas de la sabiduría y el libertinaje. El apóstol rebate este argumento de que el sexo no es un asunto de peso en la libertad vivida dentro del Reino de Dios. Por el contrario, insiste en que la verdadera libertad es tener en cuenta el bien de los demás (12a), lo cual es una manifestación del poder de la resurrección en la vida del creyente (6: 14), la evidencia de que es miembro del cuerpo de Cristo (6: 15) y de su nueva identidad como «templo del Espíritu Santo».

---

[137] Entre los estoicos y el NT existe un sinnúmero de ideas paralelas, con la gran diferencia de que los escritores cristianos no comparten las ideas del ascetismo estoico. Pablo suena como un filósofo estoico en su correspondencia con los corintios.

La Santidad en 1 Corintios

Tenga presente que este pasaje Pablo ha definido la *libertad*. Su argumento ha reinterpretado la libertad individual al enmarcarla dentro del contexto amplio de la responsabilidad e importancia «de una solidaridad cuyos miembros no solamente son terrenales sino también celestiales»[138]. El unirse con una prostituta es incorrecto y desordenado porque contradice la unión más importante: del Señor y su pueblo[139]. Dale B. Martin acierta cuando dice que Pablo está preocupado por la integridad del cuerpo—el cuerpo del creyente y del cuerpo de Cristo que ha quedado expuesto por la grieta de las relaciones sexuales ilícitas[140].

Bien señala Kenneth Bailey y como dijéramos anteriormente, este problema tiene un fuerte componente corporativo[141]. Este señala la transición del uso del plural en el versículo 12 al singular «cuerpo» en el 20, precedido por el pronombre posesivo «vuestro». Este comenta: «El cambio es inconfundible. Pablo no está solamente interesado en la salud personal/física, sino en todo el cuerpo de Cristo... está muy preocupado por los efectos del libertinaje sobre la salud del cuerpo de Cristo»[142]. Hays comenta que Pablo resume su preocupación por la santidad de los corintios, como expresa a lo largo de 1 Corintios, con su exhortación: «Glorificad a Dios en vuestro cuerpo» (1 Co 6: 20)[143].

1 Corintios 8 al 10

Mucho se ha escrito sobre la participación de los corintios en las fiestas a los ídolos (1 Corintios 8-10), por lo que no entraremos en detalles. Sin embargo, la naturaleza del discurso de Pablo in-

---

[138] Barton, "Christian Community", 9.

[139] Cf. Hauerwas, "What Could It Mean?" 1-21. Véase la pág. 9.

[140] Martin, "The Corinthian Body", 212.

[141] Bailey, "Paul's Theological Foundation", 34-35; véase también Kempthorne, "Incest and the Body of Christ", 568-74.

[142] Bailey, "1 Cor 6: 9-20", 35-36.

[143] Hays, "Moral Vision", 391.

LA SANTIDAD EN LA CARTAS DE PABLO

dica su sensibilidad ante las fuertes exigencias individualistas de comer a expensas de lo que represente para los miembros más débiles. Desde su perspectiva, los que comían alegando ser más entendidos eran unos individualistas; solamente se preocupaban por sí mismos, sus derechos y su libertad individual–su pensamiento no está matizado por la santidad ni la preocupación por el grupo ni los límites de su libertad. Pablo entiende estos argumentos, pero no representan su punto de vista (8: 7-13). Para el apóstol, la libertad cristiana no es el resultado del manejo constante de la imagen ni de la autorrealización porque su naturaleza es relacional: solamente es posible mediante la interacción con otros cristianos y el todo de la comunidad cristiana[144]. Por lo tanto, la libertad no es un atributo autónomo, ya que está limitada por la conciencia del otro.

El estudio de los capítulos del 8 al 10 de 1 Corintios lleva a la siguiente conclusión: Pablo basa su argumento en que la comunidad cristiana de Corinto tiene una naturaleza distinta como «pueblo santo de Dios» y sus vidas contrastan con el resto de la sociedad[145]. Por ende, el verdadero problema es la naturaleza de la comunidad–quiénes son y cómo deben vivir en vista de su llamado. Aquí a por sentado que es la continuación del antiguo Israel. Los corintios comparten los antepasados y la historia de Israel (10: 1). De modo que no deben participar en las comidas ofrecidas a los ídolos en los templos paganos. En cambio, la experiencia de sus antepasados debe enseñarles que ni el bautismo ni el alimento espiritual los librarán del juicio de Dios si pecaran (10: 2-10). Al igual que los israelitas, la santidad de los corintios radica en que Dios los había llamado y escogido. Sin embargo, no era suficiente. Más allá de distinguirse de la

---

[144] Schnelle, "Human Condition", 85.

[145] Cf. Fee, "Toward a Theology", 55: «Dios, mediante su salvación escatológica, está creando un pueblo que colectivamente debe vivir su futuro en el siglo presente, mientras que aguardan su consumación».

La Santidad en 1 Corintios

sociedad circundante, su ética individual y colectiva debe confirmar su llamamiento y elección.

De ahí derivamos dos hechos importantes. La primera es la naturaleza comunitaria de las comidas. Hasta a la hora de comer hay que rechazar el egoísmo. Lo segundo y más importante es el carácter simbólico de las comidas. Se trata de un compartir de la vida y comunión. Por lo tanto, aquí entendemos claramente el problema de comer de lo que ha sido ofrecido a los ídolos. Esa confraternización con los ídolos era inaceptable para Pablo.

Téngase presente que este pasaje resalta el egoísmo como uno de los problemas fundamentales de los corintios, quienes preferían su libertad al bienestar de los demás. Con razón Pablo está preocupado. Su pensamiento va dirigido al cuerpo. Esta dimensión surge cuando demuestra que cualquier acto que afecte a un cristiano afrenta a Cristo (8: 12), sobre todo cuando argumenta que, aunque por sí solo aparente ser insignificante e inofensivo, desde el punto de vista social sí tiene importancia (10: 16-30)[146]. Desde luego, Pablo argumenta que las respuestas éticas al problema de la comida ofrecida a los ídolos no es meramente una cuestión de credo, sino de relaciones. La decisión no depende exclusivamente de cualesquiera sean los efectos para el/la practicante[147]. Meeks señala que Pablo no está refiriéndose solamente a los límites en el capítulo 10 de 1 Corintios. Por el contrario, hace hincapié en «la solidaridad de la comunidad cristiana: la responsabilidad de los unos con los otros, especialmente de los fuertes hacia los débiles y su lealtad pura a un solo Dios y un solo Señor»[148]. Horrell está de acuerdo con que la ética paulina (al menos en 1 Corintios 8-10) sigue un patrón cristológico de darle prioridad al otro. Este concluye,

---

[146] Fisk, "Eating Meat Offered to Idols", 70.

[147] Winter, "Theological and Ethical Responses", 223.

[148] Meeks, "And Rose Up to Play", 78.

LA SANTIDAD EN LA CARTAS DE PABLO

La ética no tiene que ver con la manera en que una persona justifique teológicamente sus acciones y decisiones, sino con el bien común, la edificación de la comunidad cristiana... Cada miembro de la comunidad es un hermano o una hermana por quien Cristo murió; cada uno es miembro del cuerpo de Cristo y hacerle tropezar es pecar contra Cristo... Esto es lo que debe determinar las acciones[149].

SANTIDAD COMUNITARIA

En consonancia con lo propuesto al principio de este estudio, el examen de varios de los pasajes de 1 Corintios ha revelado que Pablo plantea una santidad multifacética, es decir, un todo con varios aspectos. Esta observación se deriva del uso polivante de *hagios* y sus cognados. Aparte de su sentido relacional, también adquiere un matiz ético[150]. El sustantivo *hagiásmos* aparece en el capítulo 1 versículo 30.

En términos prácticos, la santidad implica el separarse de la contaminación y malas compañías. También, esta condición personal tiene una orientación comunitaria. Pablo lo explica diciendo que los corintios son el templo del Señor, la morada del Espíritu Santo. Como dijéramos anteriormente, la integridad del cuerpo depende de cada miembro.

Pasajes como 1: 2, 1: 30 y 3: 16 dejan entrever que Pablo parte de la santidad de Israel y del mandato a vivir en santidad del Antiguo Testamento. Por consiguiente, su concepto de la santidad no está limitado a la moralidad, la que de por sí es uno de sus aspectos.

---

[149] Horell, "Theological Principle", 105.

[150] Hewett, "Use of Hagios", 224 n.3, «Una inferencia lógica del argumento de Pablo es que los creyentes, como templo del Espíritu de Dios, son santos; entiéndase en el sentido más común del Antiguo Testamento de ser la morada de Dios. Esta inferencia, sin embargo, no habla de su carácter ético».

Capítulo 4

La Santidad según 2 Corintios

En términos generales, los eruditos están de acuerdo con que las epístolas paulinas fueron escritas como respuestas pastorales para situaciones contingentes, históricas y particulares. Casi todas «reflejan la interacción y a veces la colisión entre los diversos trasfondos congregados en las iglesias recipientes que llevaban poco tiempo formadas»[151]. Pablo imparte su enseñanza sobre la santidad en 2 Corintios en respuesta a unas situaciones retóricas e históricas. El tenor de la epístola indica la urgencia con que la congregación tenía que aprender a vivir en santidad como el pueblo de Dios en medio de una sociedad pluralista.

Este capítulo explora el concepto de Pablo de la santidad desde la perspectiva de la lucha de los corintios por vivir en contrariedad con los valores morales, las convicciones religiosas y los principios de su cultura. Para el tiempo de esta carta, Corinto era una colonia romana que había retenido sus lazos con la religión, la filosofía y las artes helenas. Por consiguiente, la cosmovisión y el comportamiento moral helenístico influyeron la fe de los corintios. Era la comunidad cristiana de Corinto, pero parece que su herencia cultural pesaba más que su fe cristiana sobre un sinnúmero de cosas[152]. Como Gorman dice, «la comunidad corintia era el dolor de cabeza de Pablo»[153].

---

[151] Cf. Keck, "Paul and His Letters", 14.

[152] Ibíd.

[153] Gorman, "Apostle of the Crucified Lord", 227.

LA SANTIDAD EN 2 CORINTIOS

Varios estudios de la historia de Corinto demuestran que su religión era tan diversa como su población. Por lo tanto, los judíos y los cristianos del siglo I enfrentaban los graves problemas del pluralismo religioso junto con el culto imperial[154]. Winter ha analizado el pluralismo religioso del siglo I y concluido que estaba «entretejido en la vida cotidiana»[155]. De modo que era un desafío para los creyentes. Por otra parte, el vicio prosperaba junto con la religión como en cualquier otra ciudad cosmopolita de aquel entonces y ahora. Las primeras comunidades cristianas encaraban el desafío de rendirse o hacer concesiones. Por lo tanto, Pablo quiere que los corintios sean testigos fieles en medio de su comunidad, pero sin que retornen a sus costumbres paganas ni cedan en la fe. Ello requería que fueran ciudadanos ejemplares y atacaran cualquier inmoralidad que pusiera en entredicho su testimonio ante la ciudad, así como interrumpiera su armonía.

Pablo se propone persuadir a los corintios a que encarnen el Evangelio de Jesucristo tal y como se los había predicado[156]. A estos fines recurre a varias metáforas que describen y definen su carácter como el pueblo de Dios y la vida a la que han sido llamados.

PABLO DEFINE *EKKLESÍA* EN 2 CORINTIOS

Si queremos entender el concepto de la santidad de 2 Corintios, debemos tomar en cuenta los esfuerzos de Pablo para definir la identidad de los miembros de la comunidad. Al igual que en otros de sus escritos, su perspectiva de la comunidad creyente es el factor determinante en sus enseñanzas de la santidad, por lo que conviene que partamos de los nombres con los que identifica a los creyentes corintios.

---

[154] Winter, "Responses to Religious Pluralism," 207-26; Winter, "Achean Federal Imperial Cult," 169-178.

[155] Winter, "Responses to Imperial Cult," 207.

[156] Gorman, "Apostle of the Crucified Lord", 227.

LA SANTIDAD EN LA CARTAS DE PABLO

Los santos

Pablo comienza su Segunda Epístola a los Corintios con la identificación habitual de sus destinatarios (Rm 1: 1; 1 Co 1: 1; 2 Co 1: 1-2; Ga 1: 1). En 2 Corintios 1 versículos del 1 al 2 los describe como la iglesia de Dios en Corinto y *hágioi hoi* ('los santos') en Acaya. Para Pablo, *hoi hágioi* incluyen a los creyentes en Cristo que, como *eklektoi tou theou* («escogidos de Dios», véase Col 3: 12), además de pertenecerle a Dios, también han sido separados para servirle. Por consiguiente, tienen que consagrarse tanto en sentido de separación como de vivir de acuerdo con su vocación (véase Ex 19: 5-6; Lv 11: 44-45).

Esta descripción de los corintios como «los santos» es muy importante. En primer lugar, Pablo usa *hágioi* en un sentido relacional. Este matiz implica que el suceso de Cristo ha facilitado el pacto con Dios. La santidad del pueblo depende de su relación con Dios. Al igual que el Israel del Antiguo Testamento, los corintios tenían una relación nueva y especial con Dios «en Cristo Jesús». Dios los había escogido por su gracia para que fueran santos. En virtud de esta relación especial con Dios, habían sido separados del mundo profano que los rodeaba. El problema es que sus vidas decían todo lo contrario.

En segundo lugar, Pablo utiliza *hagiadzein* ('santificar') en su sentido ético, es decir, como un atributo de la propiedad de Dios, demostrando que esta relación amerita una respuesta moral y ética. Una vida santa tiene que verse en el mercado como un testimonio de la relación entre el Dios Santo y su pueblo.

En tercer lugar, Pablo siempre usa la palabra en plural. Nunca la aplica a los individuos. En otras palabras, su concepto de la santidad es principalmente comunitario, aunque cada persona es propiedad de Jesucristo. No es una relación individualista. Como tal, la Iglesia colectivamente es llamada a vivir en santidad y la importancia de cada persona estriba en su membresía dentro de esa comunidad.

LA SANTIDAD EN 2 CORINTIOS

En cuarto lugar, *hágioi* aparece en el versículo 1 del capítulo 1 de 2 Corintios en aposición a *ekklesía*. Por ende, ser «miembro de la iglesia» equivale a «ser santo», en cuyo caso la traducción más apropiada sería «pueblo de Dios».

El pueblo de Dios

El título de «pueblo de Dios», del capítulo 6 versículo 16 de 2 Corintios, encaja la anterior descripción de «santos» con «la iglesia de Dios». En el Antiguo Testamento, el «pueblo de Dios» es presentado como una comunidad distinta de las naciones a su alrededor. «Pueblo de Dios» es el Israel que reconoce que su existencia la debe al llamado y la selección de Dios (incluyendo el ámbito social).

El Antiguo Testamento indica que el pueblo de Dios existe como su propiedad. En Éxodo capítulo 19 versículos del 3 al 8, Dios convoca a Israel a un pacto en el que resaltan tres frases: especial tesoro, un reino de sacerdotes y una nación santa. Israel será el pueblo de Dios, separado para servirle de la misma manera en que los sacerdotes eran consagrados de entre los hombres y marcados para una vida cónsona con la santidad del Dios del pacto[157]. Como Christopher Wrights comenta: «Dios eligió a Israel no a expensas de los demás, sino por el bienestar de los demás»[158].

Nótese que Pablo transfiere el concepto de la elección a la congregación corintia. Como «pueblo de Dios» también tenían un pacto con Dios. No bastaba con que recibieran su bondad, pues era de esperarse que se sometieran a su gobierno y dieran testimonio de la presencia y el carácter de Dios entre las naciones. La pregunta es: ¿Cómo explicarán los corintios, como pueblo de Dios, su santidad?

Una novia casta y virgen

---

[157] Childs, "Book of Exodus", 367.

[158] Wright, "People of God," 110.

LA SANTIDAD EN LA CARTAS DE PABLO

Pablo no solamente recurre a *hágios* ('santo') y sus derivados, sino también a *hagnós* ('puro', 'casto') y *hagnótes* («pureza») en el sentido de santo y santidad. Esta terminología desempeña un papel menor, pero en armonía con la LXX. Balz observa que la «aparente rara aparición de *hagnós* y sus derivados («puro») pudiera deberse a que tanto dentro del lenguaje helenístico como en el judaísmo había cambiado su significado religioso por uno figurado[159]». Este argumenta que era más fácil recurrir a otro vocabulario.

Aunque la raíz de *puro* (*hagnós*) es cercana a *santo* (*hágios*)[160], Pablo le da el significado de una moral limpia, pura, inocente y casta. La raíz de *puro, casto* (*hagnós*) aparece cuatro veces. En Filipenses capítulo 4 versículo 8, Pablo exhorta a la lectora a que tenga cuidado con sus pensamientos. La estabilidad del carácter exige una mente disciplinada. Lo *puro* resalta entre lo verdadero, lo digno, lo justo, lo amable, lo que es de buen nombre, como el pensamiento al que debe aspirarse en conformidad con la santidad. Su tan conocida orden para Timoteo es: «Consérvate puro» (1 Tm 5: 22, RV1995). Esta exhortación obviamente se refiere a que sea disciplinado en sus acciones y mantenga constantemente su integridad.

Esta palabra aparece dos veces en 2 Corintios, capítulo 6, versículo 6 y capítulo 11 versículo 2. El primer caso ocurre dentro del contexto de la defensa ministerial de Pablo. Meeks acierta cuando indica que Pablo entabla sus argumentos morales desde una postura defensiva de sus propias cualidades, pero con la intención de que la comunidad lo imitara[161]. En estos versículos, Pablo está defendiendo el carácter de su ministerio desde el punto de vista de su conducta y sus experiencias como embajador de Cristo (2 Co 5: 20-21). En 2 Corintios capítulo 6

---

[159] Balz, "ἁγνός," 22.

[160] Ibíd.

[161] Meeks, "Origins of Christian Morality", 160.

LA SANTIDAD EN 2 CORINTIOS

versículo 6, menciona de su carácter moral. Luego, explica que es menester rechazar cualquier comportamiento inaceptable en pro de lo que se digno de alabanza[162]. Lo segundo domina el resto de la discusión.

Su ministerio ha sido puro, en amor sincero, como también debería serlo el de sus convertidos. Aparte de las dificultades que constantemente asediaban su ministerio a los corintios (vv. 4-5), su pureza, paciencia y sinceridad dan fe de su integridad y honradez, fomentando así su reconciliación con esta iglesia. Pablo ha actuado *en hagnóteti*, que seguramente tenga el mismo sentido de 2 Corintios capítulo 11 versículo 2, «en pureza», sin engaño. Este versículo quizás esté anticipándose a la discusión de 2 Corintios 6 versículo 14 hasta el 7 versículo 1. Witherington sugiere que, si así es, la traducción correcta del versículo 6c sería «en el Espíritu Santo», lo que prepararía el camino para el versículo 14 y siguientes sobre la santidad de su audiencia[163].

En 2 Corintios capítulo 11 versículo 2, Pablo continúa apelando a los corintios con la analogía del desposorio, tomada de las costumbres judías. Su ministerio tenía como fin el presentarlos como una virgen pura o casta (*partenón hagnen*) a Cristo. Pero, teme que su anhelo se malogre si los corintios terminaban siguiendo a sus oponentes (los súper apóstoles), desviándose de *la sencillez y pureza de la devoción a Cristo*. Si sus mentes se corrompían, estarían recayendo en su condición anterior a que fueran redimidos y liberados en Cristo.

---

[162] Schnabel, "How Paul Developed His Ethics", 274.

[163] Witherington, "Conflict and Community", 400. Desde luego, esta traducción no es necesaria para ver el vínculo entre 2 Co 6: 14 -7: 1. La frase, «en el Espíritu Santo» no le resta a ese vínculo. Bruce ha señalado, "1&2 Cor", 212: «Llama la atención que el Espíritu Santo sea mencionado en este catálogo de virtudes: el Espíritu fomenta estas virtudes como pruebas de su presencia». Esta interpretación es cónsona con la noción del templo en 2 Co 6: 14 -7: 1. La mención del templo sugiere la morada del Espíritu.

LA SANTIDAD EN LA CARTAS DE PABLO

Como recordarán, el Antiguo Testamento en varios lugares presenta a Israel como la desposada de Yahvé. Pablo ve a la comunidad cristiana, en particular la congregación corintia, como una novia pura que debe presentarle a Cristo. La analogía del acto matrimonial en el que un hombre y una mujer dejan a sus familias para ser uno describe la relación entre Dios y su pueblo. Aquí está enfatizando el aspecto de la separación dentro de la santidad. De la misma manera en que la novia deja a los otros para ser exclusivamente de su marido, el pueblo debe separarse de la contaminación y entregarse por completo a Dios.

Los corintios aceptaron el Evangelio y se comprometieron con Cristo hasta su segunda venida. Mientras tanto, Pablo era el responsable de velar porque cumplieran el compromiso que hicieron al bautizarse. Según la ley judía, la violación de una desposada era tan grave como la de una esposa. Neyrey hace la observación de que el lenguaje de la pureza de 2 Corintios capítulo 11 versículo 2 demuestra que Pablo está tratando de concienciar a los corintios de que los falsos apóstoles han violentado los límites de su comunidad[164]: «Pablo... interpreta la presencia de rivales en su territorio como un contaminante que ha violado los límites de los cuerpos individuales y sociales y exponiéndola a su total corrupción»[165].

Pablo cela a los corintios de la misma manera en que Dios celaba la lealtad de Israel. Este trasfondo aclara la exhortación de 2 Corintios capítulo 11 versículo 2. Los corintios deben vivir como corresponde al pueblo incorporado en Cristo. Nótese la connotación de una pureza o santidad *colectiva*. Plummer es conciso: «La comunidad cristiana como un todo, no sus miembros individuales, es la cónyuge de Cristo»[166].

El templo de Dios

---

[164] Neyrey, "Witchcraft Accusations", 10–170.

[165] Ibíd, 166.

[166] Plummer, "Second Epistle to the Corinthians", 296.

LA SANTIDAD EN 2 CORINTIOS

En 2 Corintios capítulo 6 versículo 16b, Pablo afirma la comunidad como el templo de Dios (16b) y a la vez introduce la cita siguiente en la presencia del Dios viviente. En su correspondencia recurre a dos palabras traducidas como *templo*: *naos* (1 Co 3: 16-17; 6: 19; 2 Co 6: 16) y *hierón* (1 Co 9: 13). *Naos* suele referirse a la comunidad creyente, mientras que *hierón* al templo de Jerusalén. Esta selección de términos es importante ya que en la LXX *naos* describe las partes más sagradas del templo, incluyendo el lugar santísimo, morada de la presencia de Dios. *Hierón*, por otra parte, suele describir el recinto del templo. Pablo menciona que el Espíritu de Dios mora «entre» los corintios (*en humin*), haciéndose eco de la promesa de Ezequiel para la época de la restauración en que Dios pondría su Espíritu «dentro» (*en humin*) de su pueblo (Ez 36: 26; compare 11: 19; 39: 29 LXX).

Como Ezequiel, Pablo pasa fácilmente del concepto del pueblo restaurado de Dios a explicar que la presencia de Dios entre su pueblo es el templo[167]. Por ende, no es extraño que en 1 Corintios capítulo 3 versículos del 16 al 17 advierta a los corintios de la destrucción del templo de Dios. En 2 Corintios capítulo 6 versículo 16b, el término adquiere un sentido colectivo, es decir, se refiere al cuerpo de creyentes. La metáfora es clara: el templo, es decir, la iglesia de Corinto, le pertenece a Dios y es la morada del Espíritu Santo.

Nótese que Pablo afirma que el Espíritu mora en la comunidad, no en los individuos o en las facciones dentro de la iglesia. Este énfasis en la comunidad lo vimos en el saludo de 1 Corintios: «… a la iglesia de Dios que está en Corinto, a los que han sido santificados en Cristo Jesús». La metáfora del templo ubica al Espíritu dentro de la comunidad. Esto se desprende del uso del pronombre en plural cuando afirma que el Espíritu «habita en (vosotros)».

---

[167] Cs. de Lacey, "Function of a Metaphor in Paul," 401–409; Sweet, "A House Not Made with Hands," 371–88.

LA SANTIDAD EN LA CARTAS DE PABLO

Aunque Pablo reconoce la obra del Espíritu dentro de cada creyente[168], insiste en que la inspiración individual sea entendida dentro del contexto de la edificación de la comunidad. Por consiguiente, dice que si alguien destruye el templo de Dios, Dios lo destruirá a él o ella. Este punto es fuerte. El que la iglesia corintia estuviera dividida en su sinfín de grupos y «facciones» era una contradicción de la unidad del templo en donde Dios había decidido morar por medio de su Espíritu. Como templo escatológico de Dios, la comunidad corintia debe mantenerse unida. Esas divisiones dentro de la comunidad equivalían a la destrucción del templo de Salomón a manos de los babilonios. Dios juzgó a los babilonios para demostrar que no tomara a la ligera a quienes menosprecien su templo. Como indicáramos anteriormente, cualquiera que destruya esta unidad será eliminado del cuadro. Esta declaración acerca del poder destructivo de la división concuerda con la prohibición del Antiguo Testamento en contra de la construcción de santuarios locales porque afrentaban el lugar de adoración de Dios[169].

En 1 Corintios capítulo 6 versículos del 19 al 20, Pablo aplica la metáfora al creyente. Sin embargo, el pensamiento es idéntico. Gärtner comenta que «no es fácil decir que el cristiano sea un templo habitado por el Espíritu de Dios»[170]. Según el análisis de Witherington, «uno de los grandes retos en la comprensión del pensamiento de Pablo es la relación entre uno y muchos: este mantiene la tensión entre ambos. Ser un cristiano es sinónimo de miembro del cuerpo de Cristo, al contrario de una salvación aislada. De igual manera, Pablo responsabiliza a cada persona por su comportamiento y espera que la comunidad los discipline[171]». Entonces, los corintios deben «huir de la inmora-

---

[168] Véase por ejemplo 6: 19, en donde Pablo dice que el Espíritu mora en los creyentes y 12: 4–11, que el Espíritu es la fuente de los dones de cada creyente.

[169] Cs. Dt 12: 13-14; Jos 2: 10-34.

[170] Gärtner, "The Temple and the Community", 141.

[171] Witherington, "Conflict and Community", 133.

LA SANTIDAD EN 2 CORINTIOS

lidad sexual» (6: 18, NVI) porque el cuerpo de cada creyente, dentro de la comunidad, es el templo de Dios, la residencia del Espíritu Santo y por lo tanto debe glorificarlo (6: 19-20). Pablo está diciéndoles a los corintios que, como miembros individuales de la comunidad creyente, son la ubicación escatológica de la presencia de Dios, la residencia de su Espíritu. Como tal, sus vidas deben dar testimonio de esta presencia. La comunidad es el centro de atención.

Empero, Pablo no explicita (aunque puede suponerse) que son el cumplimiento escatológico de la promesa de que la gloria de Dios volvería a un templo restaurado, en medio de un pueblo que habría sido purificado de la idolatría y la inmoralidad sexual (Ez 43: 2, 4-9; 44: 4). Ezequiel capítulo 11 versículo 19 dice que Dios cambiará el corazón de piedra por uno de carne y un nuevo espíritu en su pueblo. El propósito de estos dones, según el versículo 20, es que Israel obedezca los mandamientos y guarde los decretos justos de Dios. Asimismo, Ezequiel capítulo 36 versículos del 23 al 26 asegura que Dios demostrará su santidad a la vista de los gentiles, rociará a su pueblo con agua limpia, los limpiará de todas sus inmundicias e idolatrías, les dará un corazón nuevo y pondrá un espíritu nuevo en ellos. Pablo está planteándoles a los corintios una santidad muy cercana a dichas ideas.

Por lo tanto, los insta a abstenerse de una lista extensa de actividades incompatibles con la vida en el Reino de Dios (6: 9-10). Deben evitarlas porque el Espíritu de Dios los ha limpiado escatológicamente: «Y esto erais algunos de vosotros; pero fuisteis lavados, pero fuisteis santificados, pero fuisteis justificados en el nombre del Señor Jesucristo y en el Espíritu de nuestro Dios» (6: 11).

Webb argumenta que la restauración de Israel es un motivo importante en 2 Corintios capítulo 6 versículos del 14 hasta el 7: 1[172]. Al igual que en 1 Corintios, Pablo continúa reiterando

---

[172] Véase Webb, "Returning Home", 31-71.

las profecías de Ezequiel acerca de la restauración del templo. En 2 Corintios capítulo 6 versículos del 14 hasta el 7: 1, explicita lo que ha dejado entrever a lo largo de esta discusión: los corintios viven a la altura de su estatus como templo de Dios cuando se alejan de la influencia de los incrédulos, quienes son comparados con ídolos (6: 16). Ha fundado su argumento sobre varias citas y pasajes de las Escrituras que describen la restauración escatológica de Israel y su imperiosa necesidad de ser un pueblo puro y santo para Dios. Está claro que ve a los corintios como la comunidad profética a la que Dios ha restaurado su presencia. Como tal, Él habita entre ellos y su llamado exige que sean santos. Pablo ha recurrido a la analogía del templo para convocarlos a que funcionaran como el templo de Corinto: en cada caso, el templo dedicado a un dios o una diosa era un símbolo poderoso de la unidad de sus adoradores[173].

La designación de los corintios como templo de Dios saca a relucir tres hechos importantes. En primer lugar, el templo es un símbolo de la presencia de Dios, es decir, su habitación[174]. En segundo lugar, tiene un matiz corporativo. Pablo parte de la comunidad formada por estos individuos. La unidad de la comunidad tiene prioridad sobre los individuos[175]. En tercer lugar, de lo anterior se desprende la santidad del templo. El templo tiene que ser santo. En el Antiguo Testamento, la santidad precede el culto y media la presencia de Dios. Tanto los miembros como el cuerpo deben ser santos para que sean aceptados en la presencia de Dios.

En conclusión, la metáfora del templo es una imagen viva e inusual que da coherencia a varios conceptos, tales como la identidad comunitaria, la edificación de la comunidad y su imagen ante los de afuera. Los corintios debían ser un «escaparate»

---

[173] Lanci, "A New Temple for Corinth", 134.

[174] Cs. Renwick, "Paul, The Temple", 26–46.

[175] Cerfaux, "Church in the Theology of Paul", 148.

LA SANTIDAD EN 2 CORINTIOS

del Espíritu de Dios que moraba en su templo, convirtiéndose así en sus agentes reconciliadores. Los imperativos de los versículos 14 al 16a están basados en la identidad de los corintios. Los creyentes, la comunidad identificada como el templo del Dios viviente, tienen que desasociarse del mundo[176]. No obstante, deben ganárselo para el Señor.

ASPECTOS DE LA SANTIDAD EN 2 CORINTIOS

La santidad es intenciones puras

Pablo hace unas declaraciones importantes cuando pasa juicio sobre tanto su comportamiento como el de Timoteo en el capítulo 1 versículo 12 de 2 Corintios. En primer lugar, afirma que ambos han vivido «en la santidad y en la sinceridad que viene de Dios». Para los clasicistas, *sinceridad* (*eilikríneia*) denotaba pureza y rectitud[177].

En la *Sabiduría de Salomón* capítulo 7 versículo 25, la sabiduría es descrita como «una emanación pura [*aporrosía.... eilikrines*] de la gloria del Todopoderoso». Pablo usa este término en 1 Corintios capítulo 5 versículo 8 dado que Cristo, nuestro Cordero, ha sido sacrificado: Por tanto, celebremos la fiesta no con la levadura vieja, ni con la levadura de malicia y maldad, sino con panes sin levadura de sinceridad y de verdad». Sin embargo, el contexto de 1 Corintios 5: 1-12 sugiere que *eilikríneia* debería ser traducido como 'pureza'[178]. En ese pasaje, Pablo está más preocupado por la pureza que la sinceridad de los corintios[179]. Por lo tanto, el que use *eilikríneia* ('sinceridad') en 2 Corintios capítulo 2 versículo 17 para describirse a sí mismo y a

---

[176] Furnish, "II Corinthians", 373.

[177] Cs. Liddell y Scott, "A Greek-English Lexicon".

[178] Cf. Bruce, "1 & 2 Corinthians", 57: «. . . el pecado debe haber quedado en el pasado, siendo la santidad la virtud del presente y el future»; Barrett, op. cit. 129: «Los cristianos deben... guardar la pureza pascual, eliminando la levadura en el sentido moral . . ».

[179] Véase el Capítulo 6.

LA SANTIDAD EN LA CARTAS DE PABLO

Timoteo, de acuerdo con el contexto fácilmente puede leerse como sinceridad en el sentido de «pureza ética»: «Pues no somos como muchos, que comercian con la palabra de Dios, sino que con sinceridad, como de parte de Dios *y* delante de Dios hablamos en Cristo».

Sus vidas eran puras porque hablaban de parte de Dios y en Cristo (v. 17b). No eran como los vendedores ambulantes fraudulentos[180]. Pablo testifica que tanto su vida como la de Timoteo han sido intachables ante los corintios y de Dios en Cristo y esto demuestra que hablan delante de Dios. Su punto es que han guardado su pureza ética y religiosa; han vivido en santidad[181].

El que Pablo y Timoteo vivieran «en santidad y pureza» de Dios es enfatizado con la siguiente cláusula: «... no en sabiduría carnal sino en la gracia de Dios». Nótese que al haber arraigado su sanitidad a la gracia de Dios, en lugar de su esfuerzo, anula cualquier crítica de que estaba jactándose. No tiene que retractarse de haber afirmado que Timoteo y él vivían en santidad porque la vida del Cristo resucitado es suya (Ga 2: 20; véase 1 Co 1: 30) y buscaba que la mente de Cristo, la que Dios le había dado, controlara su vida para imitarlo en todo (véase 1 Co 2: 13-16; 10: 31-11: 1). No está alardeando se su logro personal ni llevándose el crédito. Por el contrario, la gracia de Dios ha estado obrando en ellos.

Pablo y Timoteo no vivían en un lugar aislado en donde solamente el uno fuera testigo de lo que el otro hiciera sin que dieran cuenta a otros. Por el contrario, era su comportamiento «en el mundo y especialmente hacia vosotros». De modo que Pablo no está abogando por una santidad aislada de la socie-

---

[180] Cf. Bauer, «apeleuo», 404: «Dado los trucos de los vendedores ambulantes... la palabra connota 'adulterar'...» Cf. Is 1: 22 (LXX).

[181] Cf. Meyer, "Handbook to the Epistles", 146. Pablo habla de la santidad y pureza moral y «... de toda su conducta, no simplemente de su enseñanza». Véase Bruce, "1 & 2 Corinthians", 180.

dad[182]. Estaba confiado en que la gracia de Dios obraría en su vida para darle la victoria. Gracias al poder de Dios era que Pablo y Timoteo guardaban su ética para con todos y la voluntad de su Dios y Salvador.

La santidad es perdón y restauración

En 2 Corintios capítulo 2 versículos del 5 al 11, Pablo atiende el caso de un ofensor cuya identidad y la naturaleza de su pecado no son revelados, por lo que el debate continúa entre los expertos en el Nuevo Testamento[183]. En este pasaje encontramos dos asuntos sumamente importantes. En primer lugar, está la disposición del apóstol de perdonar al ofensor, lo que implica que la congregación debía de hacer lo propio. Latente queda su deseo de reconciliarse con los miembros de la comunidad corintia. En segundo lugar, Pablo anticipa que la congregación no estará dispuesta a perdonar al hombre y advierte que Satanás pudiera aprovecharse de todos.

¿A qué se debe esta yuxtaposición? Hay que prestar atención al hilo de pensamiento de Pablo. Este episodio es importante porque espera que los corintios perdonaran al hombre. Estos debían evitar que el hermano «... sea abrumado por tanta tristeza» (2 Co 2: 7b). Debían dejarle saber que lo amaban (2 Co 2: 8).

Los miembros de la iglesia debían ser «obedientes en todo» (2 Co 2: 9). Pablo es claro en cuanto a sus intenciones. Si los corintios perdonaban al hermano, demostrarían tanto el perdón del apóstol como de Cristo. Además, este perdón también beneficiaría a la iglesia. La frase, «por vosotros» (v. 10) probablemente implica que, de alguna manera, el castigo del ofensor tuvo un efecto adverso para Pablo y la iglesia. De ahí que su exhortación

---

[182] Pablo insiste en la separación, pero, como veremos más adelante, no está refiriéndose al aislamiento.

[183] Los principales comentarios discuten estos asuntos. Para una discusión más detallada véase, Kruse, "Offender and the Offence", 129-39.

de perdonar al hermano implique que de lo contrario estarían arriesgando su verdadera razón de ser, que era el amor y el perdón de Cristo y su apóstol. Satanás ganaría una ventaja con esa situación.

Thrall ha sugerido con razón que aunque Pablo no nos explique cómo Satanás se aprovecharía, «tal vez esté pensando en que las disensiones dentro de la congregación se agudizarían si el ofensor no era librado de su condena»[184]. Sin embargo, en vista de su preocupación pastoral, es posible que estuviera alertando a la iglesia de que, si no daba un ejemplo de perdón, no se ganaría a la comunidad de afuera. Satanás sería el ganador de la mala reputación de la iglesia.

El perdón es un producto del amor cristiano (santidad) que fortalece la comunión entre los creyentes que reciben al hermano arrepentido. Arrington acertadamente sugiere que «Satanás se aprovecharía de su renuencia a perdonar al creyente arrepentido o si lo recibían con frialdad»[185].

La santidad es una reconciliación

Aunque Pablo ha integrado su apelación a la reconciliación con los corintios descontentos en la primera parte de la epístola, entra de lleno en el tema en la sección del capítulo 5 versículo 11 hasta el 7: 16, sobre todo en la primera subdivisión de 5: 11-6: 2: «No nos recomendamos otra vez a vosotros» (5: 12). El pensamiento tiene como eje una (5: 11, «persuadimos a los hombres»; las dos apelaciones de 5: 20b y 6: 1). Lo ha fundado sobre dos componentes: 5: 11-12 y 5: 13-6: 2. Una vez más, Pablo está defendiendo su carácter y ministerio. Su propósito en 5: 13-6: 2 es darles a los corintios una respuesta contra aquellos que se gloriaban en las apariencias externas.

---

[184] Thrall, "2 Corinthians", 181.

[185] Arrington, "Ministry of Reconciliation", 42.

LA SANTIDAD EN 2 CORINTIOS

En primer lugar, Pablo actúa por amor a Cristo, al que define en términos de su muerte por nosotros. «Jesucristo aquí es presentado como el benefactor que arriesgó su vida al ir hasta los extremos por el bien de la humanidad»[186]. Este amor lo obliga a ver las cosas de manera diferente. Pablo, a diferencia de sus adversarios, ya no juzga según las apariencias ni la carne.

En segundo lugar, Pablo va más allá cuando define su ministerio en términos de la reconciliación iniciada en el suceso de Cristo. Este diría que es el resultado de una transformación interna. Dios ha usado el suceso de Cristo para santificar a los pecadores (2 Co 5:17). El argumento alcanza su punto culminante en el versículo 21. Mientras que, por un lado, Pablo apela a los corintios a que se reconcilien con él, por el otra apela al mundo a que se reconcilie con Dios, quien mediante la muerte de Cristo ha saldado todas las deudas.

En 2 Corintios capítulo 6 versículos del 1 al 10, Pablo continúa su defensa apostólica como siervo de Dios. El versículo 1 es crucial para la santidad. Exhorta a los corintios «a no recibir la gracia de Dios en vano». ¿Qué exactamente significa? Dentro del contexto de la sección anterior, vale el argumento de que los corintios habrían recibido en vano la gracia de Dios si se negaban a reconciliarse con él—el embajador de Cristo; no hay manera de estar en paz con Dios mientras que se rechace a Cristo, el Embajador de la reconciliación.

Pablo recurre a Isaías capítulo 49 versículo 8 para, al igual que el Siervo, rogarles a los corintios que se reconcilien con él y den testimonio de su salvación. He aquí la esencia de la santidad en 2 Corintios. No solamente exige que estemos en paz con Dios, sino también con el resto de los creyentes.

Pablo continúa la defensa de su llamado (6: 4) retomando la paradoja de su ministerio (4: 7-12). Sin duda, entiende que

---

[186] Danker, "2 Corinthians", 78.

LA SANTIDAD EN LA CARTAS DE PABLO

su labor apostólica es esencial para la misión de Dios. Por lo tanto, les exhorta que no reciban la gracia de Dios en vano.

La santidad es una relación

Ningún otro pasaje de 2 Corintios expresa tan bien la enseñanza de Pablo sobre la santidad como la sección del capítulo 6 versículo 14 hasta el 7 versículo 1. Nótese el vocabulario que emplea en esta sección. Aparte de haber descrito a la congregación corintia como el pueblo y el templo de Dios, menciona la inmundicia, limpieza/purificación, santidad y perfección.

Cabe señalar que este texto va dirigido a la comunidad creyente, la iglesia, en lugar del creyente. Pablo ve a la humanidad, en general y en este caso, a los corintios como seres interdependientes. Por lo tanto, la interpretación debe enfocarse en la iglesia.

Los corintios son el «pueblo» y «templo» de Dios. Pablo usa estas designaciones para reconocerlos como el pueblo escogido por Dios, la gente del pacto tal y como lo fuera el antiguo Israel (Ex 19: 6), separado de todo lo profano, consagrado para Dios, el Santo de Israel (véase Is 6: 3). El apóstol ha tomado el título que dignificaba a Israel para dárselo a los corintios (2 Co 6: 16).

En el Antiguo Testamento, Israel era una comunidad sagrada porque tenía un pacto con Dios (véase Ex 19: 5-6). Su existencia dependía de la perdurable presencia del Santo en medio de ellos, la cual santifica y exige santidad a la vez. La ley del pacto articulaba cómo el pueblo viviría dentro de esta relación de santidad para Dios, separado de las naciones.

Dentro del contexto de Levítico capítulo 19, la prohibición en contra del «yugo desigual» quizás sea una manera eficaz en que los israelitas, como «pueblo», pueden mantener su identidad, es decir, su distintivo. Tienen que guardar su relación. Levítico capítulo 19 establece que la santidad requiere el estar en paz con Dios. Sin embargo, también demuestra la necesidad de

LA SANTIDAD EN 2 CORINTIOS

estar en paz con tanto los de adentro como los de afuera de la comunidad del pacto.

2 Corintios 6 versículos 14 hasta el 7: 1 tiene un trasfondo claro. Pablo alude al Código de la Santidad, Isaías y Ezequiel para recordarles a los corintios que su pacto con Dios es único. Dios habita en medio de ellos, anda entre ellos santificándolos y exigiéndoles que sean santos (2 Co 7: 1). No cabe duda de que la comunidad en yugo desigual está violando su pacto con Dios, ha dejado ser su pueblo, aunque insista en lo contrario.

La santidad es separación

Encontramos en 2 Corintios capítulo 6 versículos del 14b al 16a una antítesis dualista que resalta la incongruencia de la asociación entre los cristianos y «los incrédulos». Pablo establece que los cristianos son distintos del resto de la sociedad. Este argumento lo repite en otros lugares (Rm 6: 19; 1 Ts 4: 2-8; 5: 5; Rm 13: 12; Ef 5: 8)[187] y con frecuencia define la membresía con términos dualistas[188]. De manera que la nueva vida en la fe es contrastada con el pasado pagano.

El propósito de las preguntas retóricas de 2 Co 6: 14b-16 es demostrar la incongruencia de estas asociaciones. Por ejemplo, nada es más incongruente que la luz y las tinieblas, ya sea en un sentido literal o figurado. Tal incongruencia existe entre la santidad y el pecado. Dado que Cristo y Belial son oponentes, ¿será posible que sus seguidores estén de acuerdo? Los lectores

---

[187] Tal perspectiva tuvo su paraenesis en la iglesia primitiva, por ejemplo, 1 P 2: 4-11. En esta amonestación vemos la combinación: (a) los cristianos como casa de Dios (v. 5); (b) la santidad (vv. 5, 9); (c) el contraste entre los creyentes y los incrédulos (v. 10); (d) entre la luz y las tinieblas (v. 9); (e) la combinación de carne y alma (v. 11). En el Nuevo Testamento encontramos un patrón de contrastes entre «antes» y «ahora» (correspondiente a lo que llamamos «nosotros» y «ellos»). Véase Rm 6: 19; 1 Ts 4: 2-8; 5: 5; Rm 13: 12; Ef 5: 8.

[188] Dahl, "Form-critical observations on early Christian preaching", 33-34. Véase 1 Co 1: 20-28; 2: 12; 3: 19; 5: 10, 12-13; 6: 1-2; 7: 12-15, 31, 33; 11: 32; 2 Co 4: 4; 6: 14; Ga 4: 3; 6: 14; 1 Ts 4: 12; Ef 2: 2; Col 2: 8, 20; 4: 5.

deben tener en cuenta que 1 Corintios capítulo 10 v. 21 ya ha planteado la imposibilidad de servirle a Cristo y a Satanás a la vez. No hay manera de armonizarlos. Pablo claramente está pensando en asociaciones más íntimas que las relaciones de trabajo o situaciones informales. En los versículos del 16 al 18 recurre a la metáfora del templo para afirmar la incongruencia de la asociación entre creyentes e incrédulos. Pudiera sugerirse que, aunque el texto está enfocado en la relación de los corintios con los «incrédulos», también implica lo que debería caracterizarlos. Lo creyentes corintios están relacionados los unos con los otros «en Cristo», cosa que no comparten con los incrédulos. Esto llevaría a que contaminasen y expusiesen su santidad.

El texto deja entrever cierta ambigüedad en cuanto a la relación de los corintios con el mundo exterior[189]. Mientras que, por un lado, tienen que demarcar límites claros como secta escatológica, por el otro, deben evangelizar a sus vecinos[190]. A Pablo no le preocupa tanto el que los estándares de la cultura difieran del movimiento cristiano como el que la comunidad mantenga sus propios principios y viva su vocación.

La promesa comienza en el v. 17 y continúa en el v. 18. Dios declara que recibirá a quienes se consideren a sí mismos como su templo y se abstengan de la contaminación con los impíos y, además, será su Padre. Por lo tanto, en 2 Co 6: 14-7: 1 la santidad es una separación.

Pablo continúa recalcando su deseo de que los corintios cuiden su santidad separándose del mundo, como vemos en los polémicos capítulos del 10 al 13. Aun cuando está respondiéndoles a sus críticos, no pierde de perspectiva el tema anterior. Los corintios estaban en peligro y las cosas estaban tan malas

---

[189] Cierto de todas las comunidades paulinas. Véase Meeks, "First Urban Christians", 97–103.

[190] 40. Cf. 1 Co 5: 9–13.

LA SANTIDAD EN 2 CORINTIOS

que el apóstol dice 2 Corintios capítulo 13 versículo 5: «Poneos a prueba para ver si estáis en la fe; examinaos a vosotros mismos». Los mentirosos los habían embaucado con sus suaves palabras, lógica e inteligencia. Es como *Otelo*, la obra de teatro de Shakespeare, cuyo villano, de nombre Yago, se gana la confianza de Otelo y otros para destruirlos. Era un maestro del disfraz que se hacía pasar por un amigo querido y honesto, pero que en realidad estaba manipulando y envenenando las mentes de aquellos que finalmente hacían su voluntad. Al final el héroe, Otelo, instigado por las mentiras de Yago, en un arrebato de celos mata a su esposa porque creyó que estaba engañándolo. Asimismo, 2 Corintios capítulos del 10 al 13 exponen a los adversarios de Pablo como astutos engañadores que habían sembrado dudas en sus seguidores.

El problema no era si eran leales a Pablo o a los falsos apóstoles, sino a Cristo y el Evangelio. Pablo estaba bien preocupado por el progreso espiritual de los corintios. Los falsos maestros no son lo que aparentan, pero su supuesta sabiduría era muy influyente y distorsionaba el mensaje de Cristo. Estos engañadores habían impresionado a los corintios.

De estos capítulos se desprende que Pablo esperaba que los corintios rompieran con sus adversarios. Estaba lleno del celo de Dios por su pureza doctrinal y ética.

Pablo continúa su jactancia «insensata» en 2 Corintios capítulo 11 v. 2 describiendo a los corintios como una virgen a la espera de su boda, la segunda venida de Cristo. Esta analogía matrimonial es cónsona con su trasfondo judío. El Antiguo Testamento describe a Israel como la prometida de Yahvé (Is 50: 1; 54: 1-6; 62: 5; Os 1-3). Según la ley judía, era un crimen serio violar a una virgen desposada[191]. Del Antiguo Testamento también toma la analogía de «padre e hija» (Dt 32: 19; 2 R 19: 21; Is 62: 5; Jr 18: 13; 31: 4) para resaltar su relación íntima con los corintios y la de ellos con Cristo. Sin embargo, su punto es que está preo-

---

[191] Murphy-O'Connor, "Theology of the Second Letter", 108.

cupado por la pureza virginal de los corintios y se siente responsable de que cumplan con el compromiso de su bautismo[192].

La santidad es limpieza

Katharídzein ('limpiar') no es un verbo común en las epístolas paulinas, pero sí lo es su raíz (*kathar*). En la LXX, *katharídzein* suele describir a personas, objetos o lugares que eran aptos para una ceremonia o ser usados dentro de la cultura[193]. Por ejemplo, el Salmo 51 vv. 2, 7 y 10 (LXX: 50) emplean el adjetivo y el verbo en la oración por la purificación de todo el ser. En general denota una limpieza física, religiosa y moral o pureza en el sentido de estar libre de manchas, vergüenza, no adulterado. El Antiguo Testamento casi siempre habla de la purificación en términos de santidad, pero también de la eliminación de cualquier contaminante (o impureza ritual) y esto ocurría de varias maneras. Isaías capítulo 52 versículo 11 (al que Pablo alude en 2 Co 6: 17) menciona la purificación en anticipación al retorno del exilio. Esta necesidad de purificación, junto con la consagración para el servicio, debe haber estado presente en las mentes de los sacerdotes y los levitas (Esd 6: 20) y luego, del pueblo y las puertas reconstruidas (Ne 12: 30) después del exilio (véase 12: 45; 13: 22).

Pablo toca el tema de la limpieza para la santidad en 2 Corintios 7 versículo 1: «Por tanto, amados, teniendo estas promesas, limpiémonos de toda inmundicia de la carne y del espíritu, perfeccionando la santidad en el temor de Dios». Aquí hace hincapié en la separación. El llamado a la limpieza tiene una aplicación personal, aunque secundaria a la comunitaria.

Pablo está llamando a los corintios, templo y pueblo de Dios, a que vivan a la altura de su llamado. Está partiendo de la

---

[192] Ibíd.

[193] Véase el ejemplo de los levitas y su rito de purificación antes del servicio en el tabernáculo (Nm 8: 12; 9: 13; 18: 11, 13; Lv 12: 8; 13: 13, 17, 37; 11: 36; 4: 12; 6: 11.

LA SANTIDAD EN 2 CORINTIOS

premisa de que son los recipientes de las promesas del capítulo 6, versículos 16b («seré su Dios, y ellos serán mi pueblo»), 17b («yo os recibiré») y 18 («yo seré para vosotros padre, y vosotros seréis para mí hijos e hijas»). Estas promesas dadas a Israel «según la carne» (o David, en el último caso [2 Sm 7: 14]) estaban condicionadas a su obediencia a las exigencias éticas y religiosas de Yahvé[194]. Dado que los corintios, como miembros de la nueva Iglesia de Dios en Cristo Jesús, ahora son los recipientes de estas promesas, tienen que responsabilizarse de efectuar su renovación ética y religiosa, según lo estipulado por Dios.

En 1 Corintios capítulo 6 versículo 11, Pablo les recuerda a los corintios que fueron lavados (*apelusasthe*), santificados y justificados. Aquí está dirigiéndose a quienes ya experimentaron esa renovación y tienen la justicia de Cristo; están en la luz; son los creyentes; son el templo del Dios vivo (6: 14-16a). Son el pueblo santificado de Dios, separado como su propiedad en Cristo. Por lo tanto, puede confrontárseles con un mandato ético y esperar que obedezcan[195]. Ahora su tarea es purificarse a sí mismos para que sean santos en su ética. Tienen que remover toda impureza de cuerpo y espíritu.

Pablo está exigiéndoles que limpien su carne y espíritu, refiriéndose tanto al cuerpo físico como al «asiento de las emociones y la voluntad»[196]. En definitiva, el creyente tiene que despojarse de todo lo que desagrade a Dios. Pablo está exhortando a los corintios a que conformen su comportamiento a la «vida salva». De modo que esta limpieza debe ser profunda. Al hacerlo serán más semejantes a Cristo. En este pasaje, la limpieza tie-

---

[194] Cf. Lv 26: 1, 11s.; Jr 32: 31-41; 31: 9, 23, 31-34; Ez 11: 9, 12, 17-21; 36: 25-38; Is 43: 6.

[195] Cf. Rm 8: 6-13 y Flp 2: 12-15 en donde Pablo afirma que solamente aquella que ha recibido al Espíritu de Dios y cuyo poder opera en ella, quien por medio de ese mismo poder hace la voluntad de Dios.

[196] Cf. Burton, "Epistle to the Galatians", 486-27.

LA SANTIDAD EN LA CARTAS DE PABLO

ne que ver con darle un uso adecuado al templo del Espíritu Santo y a través del cual Dios es glorificado (véase 1 Co 6: 15-20).

2 Corintios capítulo 7 versículo 1 indica que los creyentes son santificados mediante la limpieza de cada impureza cuando viven en reverencia a Dios (es decir, sometidos a su señorío). Pablo ora por los tesalonicenses para que, a la venida de Cristo, comparezcan ante Dios con corazones «irreprensibles en santidad» (1 Ts 3: 13).

Pablo usa *santidad* (*hagiosúne*) como el carácter esencial de Dios de una separación total del mal y su trato justo con la humanidad; asimismo, el grado de santidad del creyente varía de acuerdo con su sometimiento a la voluntad de Dios. La limpieza de su cuerpo y espíritu lo acercará más al término *hagiosúne*, «santidad». Lo ideal es que todo el ser, espíritu, alma y cuerpo estén involucrados en la adoración.

Cuando Pablo exhorta a los corintios a que se santifiquen, no está sugiriendo que su santidad sea solamente la pureza de su ética a medias. Antes bien, está exhortándolos a que su pureza ética, aunque limitada, esté libre de contaminación (refleja una parte de la santidad de Dios y que va en aumento). La creyente será más santa en la medida en que refleje más a Cristo comprendiendo las cosas que pueden contaminar su carne y espíritu, y buscando una mayor limpieza. En 2 Corintio 7 versículo 1, la santidad no es «simplemente una condición estática, obtenida mediante el cumplimiento de los ritos religiosos... el contexto no sugiere el contentamiento con una vida profana... sino de vivir lo que ahora es en Cristo»[197]. Por consiguiente, podemos sugerir que la santidad (*hagiosúne*) de 2 Corintios 7 versículo 1 se

---

[197] Porter, "Holiness, Sanctification," 400.

refiere a «una calidad de vida y carácter, derivadas de la relación con el Santo»[198].

En resumen, esta exhortación, incluyendo el llamado a la limpieza, tiene un significado ético, relacional y corporativo. Pablo ya había reconocido (1 Co 6: 9-11) que los corintios habían sido lavados, en alusión a su conversión-iniciación. Por lo tanto, la limpieza se refiere a darle un buen uso al cuerpo que es el templo del Espíritu Santo y a través de la cual Dios debe ser glorificado (véase 1 Co 6: 15-20).

La santidad es misional

Nótese que 2 Corintios 6 versículo 18 presenta a Dios como «padre». Tal vez implica que los corintios (como Israel) deben ser un reflejo de la santidad de Dios. Se espera que vivan como sus hijos e hijas. Su comportamiento debe confirmar su parentesco y el pacto con Dios. El que Pablo llame a la santidad en 2 Corintios nos obliga a reconocer que las normas y estilo de vida de la iglesia cristiana debe contrastar con la sociedad[199]. Sin embargo, al igual que Israel, ese estilo de vida diferente debe surtir un efecto misionero sobre el ambiente pagano a su derredor. El fin no es el ascetismo, sino dar a conocer a Dios.

En el capítulo anterior, Pablo alude a esta misión (2 Co 5: 18-20). Dios ha perdonado a los corintios a través de Cristo. Pero, esa responsabilidad trae consigo un propósito. Dios ha dado a los creyentes «el ministerio de la reconciliación». Los creyentes son vasijas vivas que señalan a Dios (2 Co 5: 18-19). Su llamado es representarlo ante el resto de la humanidad. Este ministerio de la reconciliación no está limitado a los perdidos, pues también incluye las divisiones personales.

IMPLICACIONES PARA LA IGLESIA

---

[198] Peterson, "Possessed by God", 78. Peterson está en lo correcto solamente en cuanto a su observación acerca de la relación con Dios.

[199] Lohfink, "Jesus and Community", 136.

LA SANTIDAD EN LA CARTAS DE PABLO

En la Segunda Epístola a los Corintios Pablo presenta el tema de la santidad como un conjunto de varios aspectos. Más aún, sus amonestaciones, instrucciones y exhortaciones están arraigadas a su concepto de la naturaleza de la iglesia como el pueblo de Dios. Las implicaciones son las siguientes:

En primer lugar, ¿cuál es nuestra motivación en el ministerio? Esta pregunta todavía es pertinente. El primer indicio del tema de la santidad en 2 Corintios lo encontramos en la jactancia de Pablo acerca de su integridad, la cual sus críticos habían puesto en tela de juicio debido a que este había cambiado sus planes de viaje. Tanto su ministerio como el de Timoteo entre los corintios da pie a las afirmaciones acerca de sus conductas. Estas aparecen en 2 Corintios capítulo 1 versículo 12, cuya terminología gira en torno a la santidad. No parte del testimonio de terceros, sino de sus conciencias.

En segundo lugar, la manera en que la iglesia comprenda su identidad y propósito determinará su relación tanto con Dios como la sociedad en general. Su identidad no debe estar fundada en su antagonismo contra este mundo caído o la sociedad pluralista, sino en su relación con Dio. En otras palabras, primero debe responder cuál es su llamado. La santidad paulina como tal siempre es formulada en términos eclesiásticos. El carácter individual es secundario a la obediencia de la iglesia dentro de la esfera de la santidad y de la preocupación moral.

En tercer lugar, la afirmación de que la iglesia es el pueblo santo tiene dos fundamentos claros. Por un lado, está la obra redentora de Dios por medio de Cristo (Rm 1: 1; 1 Co 1, 2, 28 – 30; 2 Co 1: 1; 5: 17-20; 1 P 1: 16; 2: 5–9)[200]. Su condición de santidad estriba en que Dios la ha escogido como su especial tesoro (véase 7: 6; 14: 2) y sus hijos e hijas (14: 1). Es santa en virtud de su vocación como pueblo de Dios. Esta santidad no depende del comportamiento moral y religioso de sus miembros. Empero,

---

[200] Véase Rm 1: 1; 1 Co 1, 2, 28–30; 2 Co 1: 1; 5: 17–20; 1 P 1: 16; 2: 5–9.

por el otro lado, la relación de los creyentes con Dios tiene consecuencias graves. Su santidad va más allá de su estatus como un pueblo separado del mundo, pues incluye su estilo de vida ante la sociedad general. Su orden social es divino y contradice el pluralismo de la sociedad. De modo que esta relación dinámica y constante con Dios gobierna sus relaciones con la sociedad y dentro de su propia comunidad[201].

En cuarto lugar, la santidad de la iglesia debe ser responsable. Sería muy difícil comprobar que la relación con Dios no afecta las decisiones éticas[202]. Para Pablo, la santidad no está limitada al estatus de la comunidad ni a la vocación de pueblo de Dios[203]. Antes bien, se trata de la participación en el carácter de Dios[204]. La Iglesia continúa buscando la santidad porque Dios la ha llamado a vivir bajo el poder del Espíritu Santo. Debe mostrar la realidad de la santificación enmarcada, ante todo, en términos corporativos.

En quinto lugar, al igual que los corintios, los cristianos en general deben distinguirse como el pueblo de Dios en el mundo, pero sin ser parte del mundo. Tienen que vivir e interactuar con los impíos con el fin de reconciliarlos con Dios por medio de Cristo. Sin embargo, la Iglesia debe velar que el mundo no la moldee a su manera. Es menester que tenga claro sus límites con la cultura secular. Pablo entendía que los corintios no podían ceder en algunas cosas ni mantener una relación con

---

[201] Véase 1 Co 5: 9-13; 2 Co 6: 14 — 7: 1; 10-13.

[202] El ejemplo de Israel viene al caso. Aunque Dios había declarado que Israel era su pueblo santo, no bastó para que así fuera. Para que alcanzara la santidad asociada con Dios y sus obras tenía que obedecer las leyes y los mandamientos de Dios. Por lo tanto, cabe decirse que su santidad conllevaba un requerimiento. Israel estaba vinculado con Dios mediante su obediencia amorosa y confianza. Su llamado era ser un pueblo con un objetivo en común, en lugar de individual. La santidad de Israel tiene una dimensión comunitaria. Debe manifestarse en las relaciones sociales. Tal es el caso de la santidad cristiana.

[203] Conzelmann, "1 Corinthians", 22; cf. Barrett, "1 Corinthians", 32.

[204] Cf. 2 Co 1: 12; Hb 12: 11.

ciertas personas. Estos asuntos eran tan preocupantes para ellos como nosotros. De lo contrario, perderíamos nuestra voz «profética» y autoridad moral. Bien explica Gorman que, para Pablo, la santidad significa una «postura contracultural y cruciforme a la expectativa del día venidero del juicio y la salvación»[205]. Sin duda, «Pablo imprime su visión comunal y escatológica de la Iglesia en su concepto de la santidad»[206].

En sexto lugar, la afirmación de la santidad de la Iglesia trae consigo la expectativa de que sea una agente eficaz de la reconciliación. Tal reconciliación consta en: atender la restauración de sus miembros ofensores. Pero, va más allá. Además, para que viva como el pueblo de Dios debe reconciliarse con Dios, los unos con los otros y, hasta donde sea posible, con otras iglesias sin tomar en cuenta su composición racial, étnica, nacional o las identidades de género. Como Gelder afirma, «nuestro mundo fragmentado necesita ver a una comunidad compuesta por personas diversas y reconciliadas las unas con las otras de personas como fruto de su relación con Dios»[207].

En séptimo lugar, la Iglesia debe tomar en serio su vocación de «pueblo de Dios». La Iglesia continúa susceptible a las divisiones del mundo por concepto de raza, etnia, naciones y política. El «pueblo de Dios» tiene una identidad diferente que trasciende raza, etnicidad y nacionalismo. Debe ser una comunidad sin tribus raciales, étnicas, nacionales o políticas.

En octavo lugar, la Iglesia verdaderamente santa tomará en serio la obra de Dios en el mundo, en lugar de mantenerse ensimismada en su pureza.

La santidad es misional. Dios tiene la misión de reconciliar al mundo consigo mismo. Pablo declara: «Y todo esto pro-

---

[205] Gorman, "Apostle of the Crucified Lord", 237.

[206] Adewuya, "Transformed by Grace", 85.

[207] Van Gelder, "Essence of the Church", 107.

cede de Dios, quien nos reconcilió consigo mismo por medio de Cristo, y nos dio el ministerio de la reconciliación; a saber, que Dios estaba en Cristo reconciliando al mundo consigo mismo...» (2 Co 5: 18-19). Su propósito es hacer nuevas todas las cosas y reconciliarlas para que reflejen el fin con el que fueron creados de cara a la consumación. Esto significa reconciliar consigo mismo a todos los apartados y sanar sus relaciones personales.

Capítulo 5

La Santidad según Gálatas

El presente estudio de la santidad en las epístolas paulinas hasta ahora ha demostrado que una de las preocupaciones del apóstol Pablo era las implicaciones morales de la fe de la creyente en Cristo. Sus exhortaciones y oraciones comprueban sus inquietudes[208]. Su estrategia retórica en los diferentes contextos en que discute el tema de la santificación incluye el uso de varias metáforas (limpieza, crucifixión, purificación, perfección, someterse a Dios, etc.) tanto para definir como describir la experiencia de los creyentes. La razón es que su correspondencia responde a situaciones explícitas. La familia morfológica de *hagíos* no forma parte del vocabulario usado en la Epístola a los Gálatas. Sin embargo, Pablo discute la santidad desde la perspectiva de lo que se requiere para permanecer y vivir como el pueblo de Dios. Aquí nos enfocaremos en el uso del mensaje de la cruz, en particular la metáfora de la crucifixión[209], y sus implicaciones para la santidad. Además, examinaremos otros motivos importantes, ya que el apóstol vincula la justificación con la santificación de la creyente[210].

---

[208] Cf. Rm 6: 19–22; 12: 1–2; 1 Co 1: 30; 5: 1–13; Flp 1: 9–11; 1 Ts 4: 1–7; 5: 23–24; 2 Co 6: 14 — 7:1.

[209] Como dato curioso, esta metáfora predomina en la Epístola a los Gálatas, siendo 2: 20; 5: 24 y 6: 14 tres de los textos que analizaremos más adelante.

[210] Este tema sigue siendo objeto de debate. Si le interesa, véase Furnish, "Theology and Ethics in Paul", 242–79.

LA SANTIDAD SEGÚN GÁLATAS

Vincent Taylor acertadamente comenta: «La obra reconciliadora de Dios es de por sí santificadora en el sentido de que el creyente ha sido separado y consagrado para unos fines santos; pero, en la experiencia cristiana, tanto en sus aspectos personales como comunitarios, esta separación divina tiene que resolverse con un progreso espiritual y una vida ética»[211]. Pablo comparte esta preocupación pastoral, como vemos en sus epístolas. En estas discute los problemas que los creyentes de mediados del siglo I confrontaban en su intento de definir su identidad cristiana. El apóstol lleva a cabo su tarea pastoral como un teólogo. Nótese sus apelaciones a las fórmulas autoritativos de la fe (véase Rm 1: 3-4; 1 Co 15: 3-5; Flp 2: 6-11; etc.) y las Escrituras. Meditaba en las implicaciones de la muerte y resurrección de Jesús y sus consecuencias en la conducta y el comportamiento de los cristianos. Resolvía disputas sobre principios teológicos. Queda claro que sus epístolas son la obra de un teólogo pastoral.

Cuando leemos las epístolas de Pablo para esas congregaciones, notamos que la mayoría estaba luchando con su identidad. Este problema era muy agudo entre los gálatas, cuya lucha por su identidad adquiere dos vertientes. En primer lugar, tenían un problema serio con la definición de su relación con los judíos, sobre todo en cuanto al rito de la circuncisión. En este sentido, la pregunta formulada es cuál es el requerimiento para ser parte del pueblo de Dios. Uno de los problemas más urgentes de los gálatas era el asunto de la identidad gentil-cristiana en cuanto al cristianismo judío y el judaísmo. Pablo trata de explicarles que su cristianismo no requería que se circuncidaran ni que guardaran la Torá. También, trata de establecer que los cristianos judíos no podían imponerles sus costumbres a los gentiles. Su fin es que ambos grupos convivan en armonía y respetándose mutuamente. Aunque los gálatas eran gentiles de naci-

---

[211] Taylor, "Forgiveness and Reconciliation", 144.

LA SANTIDAD EN LA CARTAS DE PABLO

miento, mediante su fe en Cristo Jesús— su crucifixión y resurrección—han pasado a ser parte del pueblo santo de Dios. Por otra parte, el Espíritu ha sido derramado. Con eso bastaba.

En segundo lugar, surge la pregunta de qué relación debía de existir entre las iglesias y la sociedad grecorromana. Era una cuestión de su estilo de vida: de qué manera el pueblo de Dios debe vivir en medio de una sociedad con valores y principios contrarios. Y, por consiguiente, cómo debían tratarse los miembros de la comunidad creyente. En resumen, Pablo tiene que establecer las implicaciones del Evangelio para la vida comunitaria.

Nótese que Pablo retoma sus dos estrategias. En primer lugar, parte de su legado y del pasado de sus convertidos para responder sus preguntas morales o sobre el estilo de vida. De ahí que su fórmula más común sea, «éramos... somos» (Véase 1 Co 6: 9-11; Ef 2: 1-10; Flp 3: 5-10; 1 Tm 2:1 5), para recordarles su pasado y lo que ahora son, junto con sus responsabilidades éticas. En segundo lugar, Pablo *siempre usa su testimonio* en su estrategia retórica. Aunque casi siempre es parte de su defensa ministerial, también es una herramienta poderosa para la predicación del evangelio transformador. De esta manera, se presenta como un ejemplo digno de ser emulado. No teme exhortarlos a que lo imiten (1 Co 11: 1).

Gálatas 2: 19-20

Gálatas capítulo 2 versículos del 19 al 20 es uno de los textos paulinos más conocidos e importantes. Lo encontramos al final de la sección autobiográfica (Ga 2: 11-20), en donde Pablo escribe de la justificación por fe, una de las verdades centrales del evangelio discutidas en esta carta. Ya ha aclarado que las obras de la Ley no justifican al ser humano, sino la fe en Jesucristo (2: 16). En los vv. del 17 al 18 afirma que su evangelio es radical. Cualquiera que condicione esa salvación a las obras de la Ley, está contradiciendo lo que Dios ya ha revelado y establecido en Cristo Jesús, es decir, la justificación por fe. Ziesler señala: «El verdadero pecado no es infringir la Ley, sino la deslealtad a Cristo y del camino a Dios que ha establecido a través de sí mismo»[212]. Por lo tanto, como sugiere Hansen: «Pablo se niega a reconstruir la barrera de la Ley que dividía a los judíos de los gentiles porque a través de la cruz de Cristo ha muerto a la Ley»[213]. De modo que, debe redefinir el fundamento teológico de la ética cristiana[214].

Pablo sella su argumento y entra de lleno en su explicación con una declaración asombrosa y personal: «... porque a través de la ley yo morí a la ley» (Gal 2:19). Está presentándose a sí mismo como un paradigma, primeramente, para sus conversos, y el resto de los creyentes, al mismo tiempo que resume la esencia de su teología en términos de su propia muerte a la Ley, evocando Romanos capítulo 7 vv. del 1 al 6. Aunque el «yo» pudiera interpretarse como tanto con un sentido personal o un ejemplo[215], parece inconcebible que no esté aludiendo a su experiencia personal. Sin embargo, no debemos limitarlo a la experiencia de Pablo porque se trata de una experiencia válida para cada creyente[216]. Aquí, «la ley» y «Dios» (véase Rm 6: 2, 10-11) forman una antítesis de a quién pertenece y sirve la creyente. Una vez más expone su concepto de la ley como un poder hostil que gobierna los seres humanos (pecadores) y obstruye su ruta hacia la vida. Pablo ha muerto a esa Ley. Su muerte con Cristo (la crucifixión con Cristo), como discute más adelante, lo ha libertado de la esclavitud a la Ley.

La muerte de Cristo satisfizo las demandas de la Ley y anuló su señorío, tanto sobre él como de quienes juntamente con

---

[212] Ziesler, "Meaning of Righteousness in Paul", 173.

[213] Hansen, "Paradigm of the Apocalypse," 148.

[214] Lategan, "Is Paul Defending His Apostleship in Galatians?" 429.

[215] So Longenecker, "Galatians", 91; Tannehill, "Dying and Rising", 55.

[216] Tannehill, "Dying and Rising", 57.

él han muerto al pecado. Los creyentes, representados por Pablo, han sido crucificados con Cristo, libertados de la esclavitud a la Ley. Esta ya no domina su existencia. La idea es que la muerte de Cristo ha librado al creyente de los poderes del pecado, el mundo y la Ley; de igual manera, por medio de la resurrección de Cristo ha quedado en libertad para Dios, está bajo su control. La Ley ha sido satisfecha, no oprime al creyente.

El aspecto positivo de la muerte a la Ley es indicado por la cláusula subordinada: «Que yo viva para Dios» (Ga 2: 19). Nótese la similitud con Romanos capítulo 6 versículos del 3 en adelante. Durante la conversión-bautismo, la creyente se identifica con la crucifixión y muerte de Cristo. Por fe, muere en Cristo. Pablo entiende que la libertad es la transferencia de un dominio a otro: de la Ley a la gracia (Rm 6: 14), del pecado a la justicia (Rm 6:18), de muerte a vida (Rm 6: 21-23) y en este caso, de sí mismo a Cristo. He aquí la esencia de la relación del creyente con Dios. Esta relación, que puede ser descrita en términos de discipulado, sin duda abarca mucho más. Esta frase también evoca Romanos capítulo 6 versículo 10, describiendo la unión de fe entre el creyente y Cristo, comenzada en la conversión-bautismo. El haber resucitado con Cristo es uno de los aspectos de esta unión existencial.

La muerte de Pablo a la Ley estaba estrechamente vinculada con la persona y la misión del Cristo crucificado. ¿A qué está refiriéndose cuando proclama que, «con Cristo he sido crucificado»? ¿Será que esta crucifixión personal se refiere a la abnegación o habrá algo más? Quizás vaya más allá. Esta incluye una realidad existencial en la que estaba beneficiándose de la crucifixión de Cristo.

Esta crucifixión de los creyentes con Cristo no es lenguaje figurado para la separación psicológica o liberación del pecado. La muerte y resurrección de Cristo no son solamente acontecimientos históricos porque su pueblo participa en estos por fe. El punto es que la muerte con Cristo es lo único que liberta a los

LA SANTIDAD SEGÚN GÁLATAS

esclavos de la Ley. Longenecker resume el pensamiento del v. 19 muy bien: «El haber sido crucificado con Cristo no solamente implica la muerte a la jurisdicción de la Ley mosaica (v. 19), sino también a la del ego... el cual antagoniza con la jurisdicción del Espíritu»[217].

El versículo 20 del segundo capítulo de Gálatas explica el v. 19. La contraparte de haber muerto con Cristo es siempre el haber resucitado a una nueva vida en él. Su crucifixión es importante en tanto que posibilita una nueva vida. Para Pablo, la resurrección es integral a la operación redentora de Dios. Esto se desprende del contexto actual y de otros pasajes en los que el apóstol vincula la resurrección con la redención de la humanidad[218].

La muerte y resurrección de Cristo son las dos partes inseparables de un logro poderoso. Para Pablo, la cruz carecería de significado sin la resurrección. Ambos sucesos interactúan entre sí[219]. Aquí interpreta la muerte de Cristo desde su experiencia con el Señor resucitado. Para ello vincula «morí a la ley» y «con Cristo he sido crucificado» con el vivir para Dios, de un modo afín con Romanos capítulo 7 versículos 4, 6. La mencionada muerte a la Ley (v. 19a) es correlacionada con la muerte al pecado (véase Rm 7: 4, 6; 6: 6, 18, 22).

Puesto que esta muerte es descrita en términos de participación en la crucifixión de Cristo y que esta vida es obviamente la unión existencial de cada creyente con Cristo («Cristo en mí»), también experimenta esa crucifixión y resurrección. Tal es comunión con los creyentes que mora en ellos, dirigiéndolos y llevándolos hacia la plenitud de su vida resucitada[220].

---

[217] Longenecker, "Galatians", 192.

[218] Flp 3: 10; Ga 1: 1-4.

[219] Cf. Schnelle, "Apostle Paul", 429; Kennedy, "Theology of the Epistles", 71.

[220] Ibíd., 284.

LA SANTIDAD EN LA CARTAS DE PABLO

Pablo continúa describiendo el resultado de la unión con Cristo como una vida de fe «en la carne» (*en sarki*). Esta referencia a la carne carece de las connotaciones éticas, negativas que veremos más adelante. Aunque el pronombre enfático pudiera deberse a una reflexión, como se traduce, «ya no vivo yo» (RV 1995), pero la traducción literal es más sorprendente: «Ya no soy yo el que vive, sino que Cristo vive en mí». Esta declaración es bien importante a la luz de lo que sigue. Pablo está diciendo: «Ya no vivo como antes, sino de un modo distinto —*ya no soy yo*— ahora vive Cristo en mí. Él es el Señor de mi nueva vida». Se ha rendido a la soberanía de Cristo. Esta nueva vida se experimenta por fe[221].

Pablo vive en la tensión escatológica del «todavía». Por un lado, la nueva era, designada por la frase «en Cristo», ya ha comenzado; de otro lado, todavía vive en la carne, un reino dominado por el mal[222]. Los creyentes quedan con una tensión inevitable entre los sucesos históricos e irrepetibles de la muerte y la resurrección de Cristo, y su aplicación y manifestación en sus propias vidas.

En resumen, en Gálatas capítulo 2 versículos del 19 al 20, vemos que Pablo está interesado en la ética de la creyente como resultado de su relación con Cristo, comenzada al momento de su justificación.

Lategan comenta: «Es una vida de fe para Dios, cuya 'ética' es ejemplificada por lo sucedido en la cruz... Para Pablo, la teología y la ética son inseparables»[223]. Pablo está refiriéndose

---

[221] Esta fe denota una relación personal con Cristo. El pronombre relativo tiene un tono acusatorio, quizás con la intención de que se lea como un sinónimo de vida (cf. Longenecker, "Galatians", 93).

[222] Como deSilva, "Paul's Letter to the Galatians", 133 n. 118, con razón, dice: «La frase, "vivir para Dios", tiene una dimensión escatológica: de ahora en adelante Pablo disfrutará de su nueva vida en Dios, pero en última instancia, ha acogido la muerte y la vida de Cristo en su cuerpo mortal como el camino hacia la resurrección de Cristo, "viviendo eternamente" para Dios...».

[223] Lategan, "Argumentative Situation of Galatians", 393.

a la unión por fe con el Señor crucificado y resucitado. Su testimonio ilustra que el Evangelio llama a una vida santa mediante el rechazo de la vida anterior. Además, el versículo 20 plantea que por fe, también, recibimos el poder del Espíritu Santo de Dios para que vivamos en santidad.

De acuerdo con Pablo, los creyentes existen de un modo distinto. No es que ahora tengan una nueva motivación psicológica. Como Cauthron declara: «El cristiano ya no actúa inspirado por su intento egocentrista de ganarse el favor de Dios. Antes bien, es un agradecimiento desinteresado y un profundo aprecio de lo que Dios, por gracia, ha hecho por nosotros»[224]. Desde el momento de la conversión, la presencia de Cristo resulta en un nuevo principio de vida en lo más profundo del ser. Se trata de una relación dinámica, constante e íntima con el Señor que es tanto la base como el punto de partida para una vida de santidad. La experiencia de Pablo es válida para todos los creyentes.

Gálatas 5: 24

Gálatas capítulo 5 versículo 24 es el punto culminante de la primera unidad (Ga 5: 13-24) de la sección exhortatoria de la epístola (5: 13-6: 10). Vale la pena que repasemos brevemente el hilo de pensamiento de Pablo hasta este punto. Este versículo básicamente repite lo que ya dijo en el v. 1a: «Para libertad fue que Cristo nos hizo libres...». La segunda parte lee: «... por tanto, permaneced firmes, y no os sometáis otra vez al yugo de esclavitud», es decir, no se sometan a la Ley (véase 4: 21). Sin embargo, la continuación en el v. 13 es diferente, aunque si repite la contraposición con el tema de la «esclavitud»: «... sólo que no uséis la libertad como pretexto para la carne, sino servíos por amor los unos a los otros». Pablo reconoce que la libertad puede usarse para justificar comportamientos nocivos. Como tal, la creyente vería su libertad como falta de restricciones, incluso de

---

[224] Cauthron, "Holiness," 248.

la ley moral. El apóstol desecha esas nociones cuando insiste en que la libertad no es un medio para el libertinaje.

Pablo entiende que el servicio mutuo y el amor al prójimo frenan el libertinaje. En los vv. del 14 al 15 expande su concepto del amor al prójimo. Pero ¿cómo vivirían los gálatas esa clase de amor? La respuesta aparece en el v. 16. Tienen que vivir por el Espíritu y dejar que determine su esencia y comportamiento. Al vivir bajo su ámbito tienen que sujetarse a su dirección. De esta manera el apóstol ha preparado el escenario para el contraste entre las dos maneras de vida: por la carne y por el Espíritu. Howard sugiere: «*Espíritu* no se refiere al espíritu humano ni al Espíritu divino como entes independientes, sino al Espíritu que mora el espíritu humano»[225]. Como señala Schnelle: «Pablo intencionalmente deja cierta fluidez en sus declaraciones acerca de la relación del Espíritu de Dios con el espíritu humano porque este misterio elude una conceptualización estática»[226]. Dentro del contexto actual acerca del manejo de conflictos y la integridad (santidad) de la comunidad, Pablo está refiriéndose al Espíritu divino que mora en el espíritu humano en comunión con otros.

Casi siempre encontramos que Pablo plantea el significado de un concepto en la idea opuesta. Por lo tanto, antes de explicarnos la vida en el Espíritu, procede a describirnos lo opuesto, «la vida en la carne», lo que sugiere que las cosas no estaban marchando bien entre los gálatas.

Está claro que Pablo usa *carne* de muchas maneras. Sin embargo, nos presenta significados, uno «ético» y el otro «antiético». Por lo tanto, debemos examinar cuál de esos significados aplica al contexto. Esto es un resumen[227]. Pablo usa *sarx* («car-

---

[225] Cf. Howard, "Galatians", 93.

[226] Schnelle, "Apostle Paul", 489 n. 12.

[227] Cf. Howard, "Newness of Life", 28–33. Pablo usa esta palabra para describir la situación actual de la humanidad. Por ejemplo, tras haber descrito a los corintios como carnales, prosigue a explicarlo como que estaban

ne») con dos sentidos diferentes: físico o de propensión al pecado. La creyente sigue activa en la *carne*, pero no esta no inspira ni controla sus acciones[228]. En este caso, Pablo a veces equipara el vivir en la carne con el estar en pecado. No obstante, también se dice de la persona que fundamenta su existencia sobre la carne. Pablo medita y habla de la situación humana siempre tomando en cuenta su predicamento. Para este, nuestra humanidad no tiene neutralidad moral[229]. El pecado ha pervertido nuestros deseos humanos (los cuales en algún momento fueron moralmente neutrales), predisponiéndoles hacia el mal. Por ende, el *vivir* en la carne produce pecaminosidad, no porque la carne sea nuestra naturaleza pecaminosa, sino porque nuestra naturaleza humana no puede contra el pecado – de modo que una persona podría estar «en el Espíritu» y aún así vivir «en la carne» (Ga 2: 20). Pablo no cree en el pecado original — es decir, que el cuerpo físico sea pecaminoso, de lo que puede solamente librarse a través de la muerte.

---

comportándose como *seres humanos* (1 Co 3: 1-5). *Carne* en su sentido básico de «humano» es notable en tres relaciones significativas para los seres humanos. En primer lugar, describe a la persona como un ser humano. Como tal, es la *base de su existencia*. Los seres humanos existimos como carne. Esta definición concuerda con otros pasajes del Nuevo Testamento (cf. Rm 3: 20; 8: 3; Jn 3:6; 1 Co 1: 29). En segundo lugar, es *la esfera de la existencia humana* o su vida (interior), en cuyo caso es sinónimo del cuerpo humano (cf. 2 Co 4: 10-11). En tercer lugar, la carne *representa un medio o la base de esa vida humana*, su estilo de vida (cf. Ga 3: 3). La frase *kata sarka* («según la carne») también, tiene varias interpretaciones. Por ejemplo, en 2 Co 10: 3, Pablo traza una distinción entre ambos. Existe una gran diferencia entre sus dos usos, pues uno expresa la fragilidad humana y el otro, un principio de vida que está bajo el dominio de las normas morales incorrectas. CF. Hughes, "Second Epistle to the Corinthians", 348s. La mayoría de las disertaciones sobre la teología de Pablo discute su concepto de la «carne».

[228] Cf. Cranfield, "Epistle to the Romans", 337. «Ellos (los cristianos) ya no están en la carne en el sentido de que su naturaleza pecaminosa no determina el curso de su vida».

[229] Cf. Howard, «Two Ways to Live», 201: «El que alguna vez fueron moralmente neutrales se observa en el hecho de que cada una de las obras de la carne (5: 19-21) tiene el potencial de ser justa y buena».

LA SANTIDAD EN LA CARTAS DE PABLO

El versículo 22 explica la vida llena del amor. Esta vida del Espíritu produce un fruto. El estudio del fruto del Espíritu amerita tres observaciones importantes. En primer lugar, Pablo no está planteando estos elementos como virtudes humanas que puedan ser cultivadas, regadas o fecundadas como un árbol. Dios los produce y su crecimiento y desarrollo depende de que los creyentes vivan en el Espíritu.

En segundo lugar, si bien el análisis de cada fruto pudiera tener algún valor, perderíamos de vista el punto de Pablo. Nótese que estos elementos están interrelacionados y deben ser tomados dentro del contexto de la relación social, al contrario de virtudes personales que existen aparte del bienestar de la comunidad.

En tercer lugar, tenga presente que *fruto* es un sustantivo grupal, por lo que Pablo espera que cada creyente manifieste estas cualidades, al contrario de lo que dice acerca de los dones espirituales, los cuales son distribuidos entre el cuerpo (véase 1 Co 12: 4-12; Rm 14: 3-5).

¿Qué posibilita el mandato de Pablo de que vivamos por el Espíritu? La respuesta se encuentra en el v. 24: «Pues los que son de Cristo Jesús han crucificado la carne con sus pasiones y deseos»[230]. El pertenecerle a Cristo ser copartícipe de su vida[231]. Aquí, Pablo expresa la crucifixión del creyente en voz activa (véase Ga 2: 19; Rm 6: 6). La voz actica indica que la creyente ha llevado a cabo la crucifixión, mientras que la voz pasiva indicaría que la han crucificado. Los creyentes son los agentes de la crucifixión[232].

---

[230] El genitivo posesivo no deja duda en cuanto al significado de Pablo: los que pertenecen a Cristo. Sin embargo, Witherington sugiere que quizás también, se refiera a los están en Cristo Jesús. Cf. Witherington III, "Grace in Galatia", 412.

[231] Cf. Matera, "Galatians", 204.

[232] Cf. Barclay, "Obeying the Truth", 117.

LA SANTIDAD SEGÚN GÁLATAS

Se ha sugerido que Gálatas capítulo 5 versículo 24 es similar al capítulo 2 versículo 20, lo que significa que los creyentes han crucificado la carne gracias a que el Cristo crucificado y resucitado mora en ellos. Esta presencia abrumadora de Cristo, el Señor crucificado y resucitado, su Espíritu, el «fruto del Espíritu», impide que la carne manifieste sus obras. Por lo tanto, Pablo afirma que ha sido crucificada[233]. Sin embargo, esta interpretación no es muy certera. En el contexto anterior, el apóstol ha presentado el catálogo de vicios y virtudes. Los primeros son «las obras de la carne», mientras que el segundo es el «fruto del Espíritu» (véase v. 22). Gálatas 5, versículo 24, vincula la crucifixión de la carne con el ser propiedad de Cristo, vinculando la crucifixión de la carne y sus deseos con la crucifixión de Cristo.

Pablo expresa la misma idea como en Romanos 6 versículo 6. Nuestro «viejo hombre» (quienes éramos) ha sido crucificado con Cristo. Esto transmite un cambio que ya ha tenido lugar. Empero, la carne no muere automáticamente. Este evento debe ser reclamado por fe. No es casualidad que aquí Pablo exprese sus verbos con la voz activa, aunque en otras partes lo diga con voz pasiva. El verbo indica una acción completada en el pasado, en alusión a la conversión[234]. Es un acto voluntario de parte de los creyentes. Por lo tanto, no es correcto interpretarlo como una declaración teológica acerca de la posición del creyente en Cristo[235], pues es un acto de la conciencia. El creyente ha renunciado a la comunión con el pecado, el cual radica en la «carne». Esta interpretación mantiene tanto el poder de la voz activa como el uso paulino de esta metáfora. Por un lado, se evita la tentación de forzar una interpretación jurídica; por el otro, se contradice la idea de que la mencionada crucifixión en este

---

[233] Betz, "Galatians", 289.

[234] Puede que Longenecker tenga razón cuando dice que, «el aoristo..., ya que identifica la crucifixión de la carne como una experiencia pasada, pero a la vez, lo deja atemporal, por lo que es aceptable traducirlo en el modo perfecto "han crucificado"». Cf. "Galatians", 264.

[235] Ladd, "Theology of the New Testament", 485.

LA SANTIDAD EN LA CARTAS DE PABLO

versículo aluda a un sacrificio constante, a tomar la cruz a diario, una idea más notoria en los evangelios.

Pablo seguramente está pensando en que los creyentes han tomado la decisión moral de pertenecerle y seguir a Cristo. Respondieron a la gracia salvadora de Dios en Cristo. Fueron regenerados y ahora, le dicen un rotundo «No» al pecado, juzgando su vida anterior. Por lo tanto, Gálatas 5 versículo 24 no está refiriéndose al misterio del bautismo, sino a la decisión ética de los cristianos[236]. Por lo tanto, en este contexto, Pablo está tomando en cuenta su decisión como el fundamento de las acciones en el presente.

Gálatas 6: 14

Una vez más, el apóstol recurre al lenguaje de la crucifixión para describirse a sí mismo. Ya ha hablado de la «crucifixión con Cristo» y la «crucifixión de la carne». El contexto actual se refiere a la «crucifixión para el mundo». Aunque está hablando de sí misma, todos los creyentes comparten su experiencia.

Pablo no está hablando solamente en un sentido figurado. Por lo general, la crucifixión describe el identificarse con Cristo, ya se a mediante la conversión o el bautismo. En el contexto actual está discutiendo en qué es bueno gloriarse para refutar a sus adversarios, quienes se gloriaban en la circuncisión y la Ley (véase vv. 12-13).

La cruz es lo único en que vale la pena gloriarse. ¡Qué gran revés! La cruz que antes era un escándalo, ahora es el centro del mensaje de Pablo[237] y el eje sobre el que gira toda su vida.

Mundo se deriva del griego *cosmos*, que en un sentido general se refiere al mundo creado (Rm 1: 20) y al espacio de la vida humana (Rm 4: 13), pero también indica la situación hu-

---

[236] Schneider, "σταυρόω," 583-84.

[237] Schnelle, "Apostle Paul", 85.

mana de pecado o la propia humanidad. Como tal, «cosmos» es el mundo (la humanidad) en abierta rebelión en contra de Dios y la humanidad depravada que será juzgada. Sin embargo, dentro del contexto de Gálatas 6 versículo 14, no tan solamente se refiere a una vida sumida en el pecado, sino también a la herencia judía de Pablo. Le había dado sus esperanzas, vida, servicio y hasta estuvo dispuesto a morir por ese patrimonio (la circuncisión y justicia farisaica), dándole su vida, sirviéndole[238].

Más aun, este «mundo» denota toda enemistad con Dios, la esfera del placer y la ambición relacionada con la carne de la que tanto alardeaban los judaizantes. Por lo tanto, puede tomarse como un ejemplo de todo de lo que pudiéramos presumir. Es decir, en un sentido religioso, podía depender de la Ley y la circuncisión (véase v. 13)[239]. Este *mundo* no solamente se refiere a la humanidad perdida, sino como Burton añade, a «un estilo de vida caracterizado por ventajas terrenales que obstaculizan la justicia»[240]. Para Pablo, era una realidad viva, vasta y enorme: «... Había sido su siervo y esclavo; el mundo era su amo autoritario, imperioso y cruel. Era una servidumbre desesperada y degradante. Pero ahora ha pasado a la historia gracias a la muerte de Cristo en la cruz»[241].

A través de la cruz de Cristo, el mundo ha sido crucificado para Pablo y a su vez, él para el mundo. ¿Qué significaba para este? Pablo ha muerto al mundo mediante el suceso histórico del Calvario, el logro del plan del Padre para salvar a la humanidad. Sin embargo, ha sido por medio del Espíritu que ha vivido la experiencia mística de apropiarse de ese suceso. Claro está, de ninguna manera pretende que el identificarse con la

---

[238] Howard, "Galatians", 122.

[239] Cf. Ridderbos, "Paul", 210; Fitzmyer, "Letter to the Galatians," 788.

[240] Burton, "Epistle to the Galatians", 354.

[241] Beet, "St. Paul's Epistle", 176.

LA SANTIDAD EN LA CARTAS DE PABLO

cruz de Cristo implique el punto final de la relación del creyente con el mundo físico o la humanidad. Para Pablo, la cruz de Cristo ha sentenciado la autosuficiencia y la justicia legalista del «mundo». Por lo tanto, su unión de fe con Cristo determina la manera en que se relacionará con el mundo.

Me parece que Pablo enfocaba su predicación en la participación del creyente en la obra redentora de Cristo[242]. Puede decirse que la creyente ha sido crucificada para el mundo en el sentido de que ya ha muerto al pecado y la Ley. Era posicional y provisional. El verbo aparece en el modo perfecto indicativo pasivo «yo he sido crucificado» (*estaurotai*) dando a entender que tiene un efecto duradero. Expresa la condición de Pablo tras haber participado por fe en el suceso de Cristo, marcado por el bautismo (véase Rm 6: 3-11). En la cruz cortó su vínculo con el mundo al hacerse partícipe de la salvación mediante su muerte al pecado y haberse bautizado en Cristo (Rm 6).

LA DINÁMICA DE LA SANTIFICACIÓN

Aunque Pablo formula de un modo distinto sus declaraciones acerca de la crucifixión del creyente, todas se refieren a la misma experiencia. Estas describen lo que sucede durante la conversión o el nuevo nacimiento (el momento en que se deposita la fe en la obra redentora de Cristo en la cruz), así como la búsqueda de una vida santa dinámica y constante. Crucificado con Cristo ha muerto a la Ley (Ga 2: 19), a sí mismo (Ga 5: 24) y a sus tendencias degradantes (Ga 6: 14).

Según Pablo, puesto que Cristo murió y resucitó, y que el Espíritu ha sido derramado, el pueblo de Dios se identifica con el rito de la circuncisión, sino la presencia del Espíritu en medio de ellos. La clave está en la presencia del Espíritu—la circuncisión del corazón. El Espíritu capacita la vida santificada. La santificación es un nuevo estilo de vida que, aunque depende del Espíritu Santo, ni minimiza ni elimina la responsabilidad del

---

[242] Longenecker, "Ministry and Message of Paul", 90.

creyente[243]. Se trata de una transformación fundamental que perdura. Es una relación dinámica con el Espíritu que renueva, dirige y controla la vida. Es un viaje orientado hacia Dios y sus propósitos. Los creyentes no viven por sus propias fuerzas.

La santificación abarca una relación dinámica con Dios a través de la crucifixión y resurrección de Cristo, así como de la participación del creyente en esos eventos. Sin embargo, es una vida en el mundo real. Pablo no teme resaltar esta cualidad extraterrestre. Estamos en el mundo, pero no somos del mundo.

De la misma manera, el creyente no tiene sus esperanzas y aspiraciones en su patrimonio nacional o religioso. En cambio, su ser «en Cristo» determina sus acciones.

---

[243] Al respecto, es problemática la declaración de Schrage, "Ethics of the New Testament", 178: «El Espíritu es más bien la esencia de la nueva vida, en todos sus detalles aparentemente insignificantes y triviales».

Capítulo 6

La Santidad en Efesios

Las exhortaciones de Pablo a la santidad en la Epístola de los Efesios están motivadas por su concepto de la unión de la creyente con Cristo. Su propósito es «exponer la naturaleza de la salvación cristiana con respecto a la iglesia, compuesta de judíos y gentiles, así como el carácter de la nueva vida»[244]. Pablo identifica la existencia de la Iglesia en función de la persona y obra de Cristo en su muerte, resurrección y glorificación (1: 19-20). La Iglesia no sigue pasivamente al Señor exaltado, sino que debe entender y buscar ser copartícipe con él (1: 5). Según Efesios, la santidad es crucial para esa participación.

Pablo no distingue entre cristianos «practicantes» y «nominales»; el ser cristiano y pertenecer a la asamblea cristiana son las dos caras de una moneda. Además, es una correspondencia entre la santificación recibida durante el bautismo y la vida moral de los bautizados. El apóstol insiste en que cualquier brecha entre ambas tendrá consecuencias graves. El vocabulario de esta carta así lo confirma.

Daniel Darko señala lo siguiente: «El autor emplea el lenguaje de la diferenciación para distinguirlos de los de afuera y marcar el cambio radical de su antigua manera de vivir»[245]. Pablo revela de varias maneras su inquietud por el crecimiento espiritual de los efesios, tales como oraciones y exhortaciones.

---

[244] Marshall, "New Testament Theology", 380.

[245] Darko, "No Longer Living as the Gentiles", 110–11.

LA SANTIDAD EN EFESIOS

Su argumento es reforzado con el uso de *hagíos* y sus derivados y metáforas como luz, templo y cuerpo, entre otras, tanto para describir a los efesios como inspirarlos a que vivan a la altura de su vocación.

Efesios 1: 1

Pablo inicia su discurso saludando a los destinatarios de la carta como los «santos» (*hagíoi*) y fieles en Cristo Jesús. Sorprende que el apóstol se refiera a estos creyentes, en su mayoría gentiles, como *santos* sin tomar en cuenta su origen étnico, ya que el Antiguo Testamento reserva este título para el pueblo del pacto (Ex 22: 31 [22: 30]; Dn 7: 18, 21-22, 25). Son «santos» porque Dios los ha escogido y consagrado como su pueblo. De modo que su estatus es pueblo de Dios. *Hagíos* describe al nuevo pueblo del pacto de Dios como la comunidad escatológica y redimida que Daniel profetizó (Dn 7: 22)[246].

Nótese que el uso del plural excluye el individualismo y el aislamiento. El pueblo de Dios está compuesto por los santos en comunión. Sin embargo, la santidad es más que un estatus. Era su esencia. Dios los ha llamado a que reflejen su propia pureza e integridad (Lv 11: 45; 19: 2). Viene al caso la observación de Abbott sobre el uso de *hagíos*: «La noción de la santidad personal interna es vinculada con la obligación impuesta sobre los que han sido consagrados para el Dios 'santo'»[247]. El ser santo implica separarse de la contaminación en pro de dedicarse a reflejar el carácter de Dios.

Efesios 1: 4

En Colosenses capítulo 1 versículo 22, Pablo menciona el efecto reconciliador de la crucifixión de Cristo para quienes eran hostiles hacia Dios. A través de la obra de Cristo, la creyente será presentada santa, sin mancha e irreprensible ante Dios. En Efe-

---

[246] Muddiman, "Epistle to the Ephesians", 58-59.

[247] Abbott, "Ephesians and Colossians", 2. Contra Klein, "Ephesians", 45-46, quien sugiere que *santo* no tiene una connotación ética.

LA SANTIDAD EN LA CARTAS DE PABLO

sios capítulo 1 versículo 4, Pablo no se enfoca en la muerte de Cristo, sino en que Dios «nos ha escogido». Esta elección ocurrió antes de lo descrito en Colosenses 1: 21-22. En ambos pasajes, Dios y Cristo trabajan con el mismo fin: presentar a los creyentes como santos y sin mancha ante Dios.

La interpretación de *hagíos* en este pasaje amerita que entendamos que Pablo está refiriéndose explícitamente a la obra de Dios. Dios nos *escogió* en él, en Cristo. Ese plural se refiere a Pablo y a sus destinatarios. Cuando menciona que los creyentes fueron escogidos desde antes de la fundación del mundo (*pros katabole kósmos*), probablemente esté refiriéndose a que Dios escogió a los creyentes antes de la creación, independiente de toda circunstancia correspondiente a estas criaturas. Entonces, si tomamos las partes veremos que el versículo 4a afirma que Dios «nos escogió» en Cristo mucho antes de crearnos.

La razón por la que Pablo y sus lectores fueron escogidos (que sean santos y sin mancha ante Dios) debe ser entendida de la misma manera que Colosenses 1 versículo 22b[248]. Como escogidos, fueron separados de Dios. Esa separación tiene como fin que comparezcan éticamente puros y sin acusaciones ante Dios en el día del juicio. El fin no era la separación. Como Taylor explica,

> *Santo* (*hagíos*) expresa el propósito vivencial de haber sido escogido por Dios. Su connotación va más allá de la santidad ceremonial; es decir, va más de haber sido separado. Se trata de una diferencia interna, moral que prevalece cuando la gracia de Dios mora en el corazón. Así lo indica la segunda descripción, es decir, sin mancha (*amomos*)[249].

Hans Conzelmann sugiere que los adjetivos de «santo», «sin culpa» y «sin mancha» significan que el propósito de Dios

---

[248] Véase la discusión sobre Colosenses.

[249] Taylor, "Ephesians", 147-48.

es que sean 'perfectos'[250]. Sin embargo, aclara que la creyente no puede alcanzarla por sí misma ni afirmarla como su logro personal. Por el contrario, los creyentes son presentados perfectos ante Dios ("Wir werden als solche dargestellt vor Gott")[251].

Conzelmann acierta en subrayar que la creyente será perfecta cuando sea presentada ante Dios. Pablo tiene las mismas expectativas para los efesios que otros cristianos. Sus oraciones revelan su exhortación a que vivan en pureza y sin mancha: «seáis llenos hasta la medida de toda la plenitud de Dios» (3: 19b); al recordarles los dones de Cristo «hasta que lleguemos... a la medida de la estatura de la plenitud de Cristo» (4: 13); y exhortándoles a ser «imitadores de Dios» (5: 12). Aquí volvemos a encontrar el vínculo entre el concepto paulino de la santidad ética y el *amor* como orientadores de sus vidas (véase 3: 17; 4: 2, 15s.; 5: 2, 25, etc.). En consecuencia, es erróneo referirse a la santidad como completa (y en ese sentido, perfecta) porque es ilimitada; pero sí podemos decir que la creyente vive y actúa en el amor mediante el poder del Espíritu de Cristo.

Dios ha escogido a su pueblo en Cristo para que sea *santo* y *sin mancha* en *amor*. De esto se desprende que la elección trae consigo un privilegio y una responsabilidad. Como Grizzle expresa mordazmente: «La elección, lejos de dar la falsa sensación de una petulante complacencia con el pecado, lejos de alentar la laxitud moral, exige una ética del creyente»[252]. A través de la elección, Dios no está meramente reparando el daño causado por el pecado, sino cumpliendo sus intenciones originales para la humanidad, es decir, de crear un pueblo para sí perfectamente conformado a la semejanza de su Hijo (Rm 8: 29-30).

El lenguaje de *santo y sin mancha* evoca Colosenses capítulo 1 versículo 22, que explica la obra reconciliadora de Cristo

---

[250] Conzelmann, "Der Brief an die Epheser", 141 and 60.

[251] Ibid., 141.

[252] Grizzle, "Ephesians", 33.

LA SANTIDAD EN LA CARTAS DE PABLO

para presentar a su pueblo «sin mancha e irreprensibles delante de él». Estos adjetivos (que también aparecen en Ef 5: 27) se decían de los animales escogidos para los sacrificios del Antiguo Testamento (Ex 29: 37-38; véase Hb 9:14; 1 P 1: 19). O'Brien sostiene que este lenguaje del Antiguo Testamento era usado para describir la pureza ética[253]. Según este, tanto en Colosenses como en Efesios, ambos términos han perdido su sentido ceremonial[254], adquiriendo el significado de santidad ética y pureza moral[255]. Sin embargo, es posible que estas palabras contengan ambos matices en tanto que el templo es un espacio de adoración. Por otra parte, como Flemming señala, Pablo demuestra una flexibilidad y capacidad de contextualizar que «le permitía apropiarse de imágenes tradicionales y contextualizarlas bajo la dirección de la Espíritu»[256]. Tal es el caso en estos pasajes en donde recurre al lenguaje de la santificación, del código de pureza del Antiguo Testamento, y «transpone ese idioma, aplicándolo constantemente al carácter ético y el comportamiento del creyente»[257].

El término *amomos* es utilizado en el Antiguo Testamento para describir a los animales dispuestos para el sacrificio (LXX Ex 29: 37; Nm 6: 14; 9: 2). En este uso tiene una connotación ética como en Colesenses 1: 22. Abbott[258], Beet[259] y Findlay[260] están en lo correcto cuando describen la declaración de Pablo como una afirmación de que Dios nos ha escogido para nuestra santificación—que seamos puros y sin mancha.

---

[253] P. ej. Sal 15 [LXX 14]: 2; 18: 23 [17: 24].

[254] Véase Ef 5: 27; Flp 2: 15; Jud 24.

[255] O'Brien, "Letter to the Ephesians", 100-1.

[256] Flemming, "Contextualization in the New Testament", 110-11.

[257] Ibíb., 110-1.

[258] Abbott, "Ephesians and the Colossians", 7-8.

[259] Beet, "St. Paul's Epistle to the Ephesians", 275.

[260] Findlay, "Epistle to the Ephesians", 29.

LA SANTIDAD EN EFESIOS

Efesios 1: 15 – 23

Samuel Chadwick ha dicho que «las oraciones de Pablo son las mejores exposiciones de su teología»[261]. Si lo anterior es cierto, la oración del capítulo 1 versículos del 15 al 23 es importante para la discusión de la santidad según Efesios. La oración responde al gozo de Pablo por los efesios. Como creyentes «en Cristo», habían sido seleccionados para que fueran santos e irreprensibles delante de él en amor (1: 4); habían confiado en Cristo (1: 12); habían sido sellados con el Espíritu Santo de la promesa (1: 13); y habían sido vivificados espiritualmente (2: 1, 5). En el versículo 15 habían expresado su fe y amor por todos.

Pablo comienza su oración resaltando el amor y la santidad como los valores cardinales de la iglesia y los mantiene a lo largo de este pasaje. Los versículos 22 y 23 presentan la imagen de unidad entre la iglesia y Cristo. Tanto la introducción de la epístola como la apertura de esta oración tienen como idea central el propósito de Dios para su pueblo. Al llamar a la iglesia el cuerpo de Cristo, describe la intimidad prevista entre Cristo y la Iglesia. Muchos comentaristas tienden a enfocarse en la metáfora desde el aspecto del liderazgo. Sin embargo, el contexto claramente indica que entre Cristo y la iglesia existe una intimidad mayor que la de un líder con sus subalternos.

Efesios 2: 21

En la discusión de la obra reconciliadora de Cristo Jesús en el capítulo 2 versículo 11ss., resalta la reconciliación entre gentiles y judíos, dos pueblos enemigos de los que Dios en Cristo ha creado «... en sí mismo de los dos un nuevo hombre» (v. 15b). Como «un nuevo hombre» en Cristo Jesús, el gentil y el judío pertenecen a la familia de Dios. Pablo recurre a una variedad de sustantivos y verbos dentro de la familia morfológica de *oikos* en

---

[261] Atribuido a Samuel Chadwick según citado por McCumber, "Holiness in the Prayers of St. Paul", 11.

LA SANTIDAD EN LA CARTAS DE PABLO

los versículos 19 al 22 para declarar que todos los miembros de la familia de Dios están creciendo como templo santo (*naos hagíos*). Este pensamiento (v. 21) es explicado por la cláusula «en quien todo el edificio, bien ajustado, va creciendo para ser un templo santo en el Señor». El templo en el cual están creciendo es santo en virtud de que son la morada del Espíritu de Dios (v. 22) y crecen «en el Señor» (v. 21). La frase «en el Señor» tiene un sentido de incorporación. El templo es santo porque Cristo, su razón de ser, es sagrado.

Efesios 3: 5

El contexto inmediato plantea un contraste entre la primera generación de cristianos (incluyéndose Pablo) (cf. v. 2s.), que por el Espíritu recibió la revelación del «misterio de Cristo», y las generaciones anteriores que no la recibieron. Quienes recibieron la revelación son descritos como «sus santos apóstoles y profetas». Está refiriéndose a Cristo (v. 4b). Estos apóstoles y profetas son santos, en parte, porque representan el fundamento del nuevo y santo templo de Dios (véase 2: 20-22).

Efesios 2 versículos del 20 al 22 se distingue de 1 Corintios 3 v.10ss, en donde Pablo se describe a sí mismo: «... puse el fundamento... el cual es Jesucristo». En el contexto actual, Pablo, los otros apóstoles y profetas junto con los judíos y los gentiles están creciendo junto con Cristo como «morada de Dios en el Espíritu». Estos apóstoles y profetas que han sido llamados al apostolado por la voluntad de Dios (véase 1: 1) y sirven por la gracia de Dios (véase 3: 7) naturalmente son *hagíoi*. No está claro si implica su condición ética. Su santidad estriba en que Dios los ha consagrado para el servicio del Padre y de Cristo Jesús (véase 4: 11-13).

No es de extrañar que Pablo reconozca como santos a los apóstoles y profetas. Hemos insistido en que siempre usa *hagíos* para referirse a la obligación de mantener una ética pura o de consagrarse para el Señor. Lo aplica a los apóstoles y profetas tal y como suele hacerlo con los creyentes (*hagíoi oi*) como consagrados para Dios. No sería extraño que lo usara como un adjetivo.

El contexto sugiere que el término resalta una relación. Cristo no se ha revelado a los apóstoles y profetas solamente porque eran éticos. Antes bien, Dios les ha revelado su misterio porque los ha consagrado para sí mismo. Dios los separó para su servicio y por gracia les dio la revelación (véase 3: 7s.).

Efesios 5: 1-4

Pablo utiliza el lenguaje de la imitación con relación a la santidad que debe caracterizar al pueblo de Dios en esta sección. Exhorta a los efesios a ser imitadores de Dios. En otras palabras, deben ser semejantes a Dios. Su audiencia estaba bien familiarizada con *miméitai* ('imitadores', Ef 5: 1a) dado que los griegos eran aficionados al teatro y dramatizaban las vidas de sus héroes y dioses. Sin embargo, Pablo la usa de un modo único[262]. No aparece en ningún otro pasaje del Nuevo Testamento.

Las Escrituras de muchas maneras dan a entender que debemos imitar a Dios, pero no revelan un mandamiento expreso al respecto. Aunque el vocabulario exacto no aparezca en el Antiguo Testamento, esto no significa, como Markus Barth sugiere, que el concepto esté ausente[263]. No obstante, Barth acierta cuando señala que era parte de la literatura helenística judía, en particular de los escritos de Filón[264], quien sigue la idea de Platón en cuanto a que, quien desee ser amado por Dios, debería de

---

[262] Casi todas las ocasiones (con la excepción de Hb 6: 12) en que es usada aparecen en el cuerpo paulino (1 Co 4: 16; 11: 1; 1 Ts 1: 6; 2 Ts 3: 7, 9). El apóstol describe como *hagiotes* su comportamiento ante los corintios y el mundo (2 Co 1: 12). A los tesalonicenses les recuerda: «Vosotros sois testigos, y también Dios, de cuán santa, justa e irreprensiblemente nos comportamos con vosotros los creyentes» (1 Ts 2: 10). También pudo haber usado *hagíos* para describir el carácter ético de los apóstoles y profetas.

[263] Barth, "Ephesians", 556 n. 10.

[264] Philo, "De Fuga et Inventione", 12 Åò 63.

LA SANTIDAD EN LA CARTAS DE PABLO

imitarlo y quienes aspiren a ser justos, deberían parecérsele hasta donde sea humanamente posible[265].

Pablo ha emitido otros mandatos acerca de la imitación, pero ninguno de los tales se refiere a Dios. A los corintios los exhorta a que, como sus «hijo» (convertidos), lo imiten (1 Co 4: 16). Más tarde en esa epístola, en el contexto de la discusión de la comida ofrecida a los ídolos (11: 1), los anima a que sigan su ejemplo. A los tesalonicenses los exhorta, no solamente a que lo imiten a él, sino también a sus colaboradores (2 Ts 3: 7, 9). En 1 Tesalonicenses capítulo 1 versículo 6, felicita a sus lectores por haber hecho lo propio, así como la imitación de las «iglesias de Dios en Cristo Jesús que están en Judea» (1 Ts 2: 14). Abbott señala que el imitar a Dios «es una gran y ennoblecedora idea», la cual nuestro Señor nos plantea en la misma línea, cuando dice: «Por tanto, sed vosotros perfectos como vuestro Padre celestial es perfecto (Mt 5: 48)»[266].

Los creyentes imitan a Dios porque le pertenecen (*peripatein* ('andar')). Los creyentes efesios son hijos e hijas amados de Dios (Ef 5: 1). Como tales, deben corresponderle imitándolo. Pablo procede a demostrar la manera de imitarlo ordenándoles que vivan en amor (5: 2a). Los efesios deben andar en amor. Esta metáfora alude a su manera de vivir. Puesto que Dios nos ama, todo lo que hagamos debe dar fe de ese amor. En la medida en que sucumbamos a la influencia transformadora de su amor seremos moldeados a su inconfundible semejanza.

Jesucristo, el Hijo, es el ejemplo de apertura al amor de Dios, por lo que debemos vivir a la altura de su amor (5: 2). Su muerte sacrificial es la máxima expresión de su amor (véase Jn

---

[265] Platón, *La República X*, 613; *Las Leyes*, 716cd; *Teeteto*, 176 ab. En varios pasajes del Antiguo Testamento encontramos el mandato de Dios para su pueblo: «Por tanto, consagraos y sed santos, porque yo soy santo» (Ex 19: 6; Lv 11: 44; 20: 7, 26).

[266] Abbott, "Epistle to the Ephesians and Colossians", 146.

LA SANTIDAD EN EFESIOS

15: 13), dándose a sí mismo por nosotros como ofrenda fragante a Dios (Ef 5: 2).

Pablo procede a describir el sacrificio de Jesús con dos palabras, a saber, *prosforán*, traducida como 'ofrenda' y *thusían*, 'sacrificio'. La primera se refiere a la ofrenda llevada al Templo, mientras que la segunda al acto del sacrificio. Esta expresión doble describe la manera en que nuestra imitación responde al amor de Dios. Como indica *prosforán*, debemos vernos a nosotros mismos como un sacrificio agradable a Dios, mientras que *thusían* es el humo o el aroma de la ofrenda. Nuestra vida debe agradarle en todo. Nuestra entrega a Dios debe ir acompañada de la determinación de vivir para agradarle.

Después de haber expuesto el aspecto positivo de la imitación de Dios (5: 3-4), Pablo comienza a señalar las expresiones incorrectas de la santidad. Nótese que estas prohibiciones son aplicables tanto al creyente como a la iglesia. Esto queda claro en la lista de los pecados condenados en los vv. 3 al 4. En ambos casos, demuestra el carácter relacional o social de la santidad. De esa manera, hace hincapié en que la comunidad no debe tolerar esos comportamientos sociales e inapropiados. Advertencias semejantes aparecen en otras de sus epístolas (1 Co 5: 1-5; Ga 1: 8-9; 2 Co 2: 6-8).

Efesios capítulo 5 v. 3 expresa fuertemente que ni siquiera debe haber un atisbo de estos actos dentro de la iglesia. Aunque la prohibición del versículo 4 es más general, no deja de ser enfática con su «ni». La comunidad desempeña un papel importante en el mantenimiento de la santidad entre sus miembros, convirtiéndose así en un agente santificador. Los efesios son el pueblo santo de Dios. En consonancia con la exhortación de 4: 17 («no andéis así como andan también los gentiles»), prohíbe cualquier estilo de vida o culto pagano que pudiera ser confundido con la fe cristiana. Ni siquiera deben insinuar esas conductas que eran populares antes de que conocieran a Cristo.

LA SANTIDAD EN LA CARTAS DE PABLO

La próxima lista de prohibiciones gira en torno a las expresiones verbales que deben evitarse. El contexto implica que Pablo está prohibiendo las mismas acciones inmorales que son expresadas físicamente. La obscenidad, las necedades o groserías están fuera de lugar (5: 4). No es una prohibición en contra de la diversión sana con bromas o juegos de palabras; antes bien, es acotar cualquier conversación con degenere en ideas y situaciones que contradigan el estilo de vida cristiano. Después de todo, si la expresión física del acto o el comportamiento es inadecuada, también lo es mencionarlo.

El comportamiento que contrarresta estos malos hábitos es la acción de gracias (5: 4). No quiere decir que la única conversación aceptable sea sobre el agradecimiento a Dios y la salvación. Por el contrario, Pablo quiere que utilicemos nuestras lenguas para darle gracias a Dios por sus bendiciones.

Efesios 5: 26-27

En medio de sus exhortaciones a los esposos y las esposas, con respecto a sus deberes con el otro, el autor trae a colación el amor de Cristo por su Iglesia como ejemplo del amor del marido hacia la esposa. Este pensamiento se extiende hasta la muerte de Cristo (v. 25b) y su propósito (vv. 26s.). Cristo se sacrificó para santificar a la Iglesia. Pablo ya ha indicado (1:4) que Dios escogió a los creyentes en Cristo para que «fuéramos santos y sin mancha delante de él». Lo que solamente Yahvé podía hacer por Israel (Dt 7: 6-8), ahora es atribuido a la obra de Jesucristo por la Iglesia. Cristo la santificó—consagró para sí mismo de una vez por todas.

La cláusula, «habiéndola purificado por el lavamiento del agua con la palabra» (v. 26b), generalmente es interpretada como una referencia al bautismo que inicia a los convertidos como miembros de la iglesia santificada[267]. Aunque todavía se

---

[267] Cf. Abbot, "Ephesians", 168; Beet, "Ephesians", 360; Conzelmann, "Epheser", 87.

debate si los lectores efesios lo entendieron de esa manera, Stephen Fowl argumenta que es la mejor opción[268].

Tito capítulo 3 v. 5 y Hechos 22: 16 coinciden en su énfasis en el bautismo como parte del proceso de conversión. El bautismo por sí solo no redime. La muerte de Cristo santifica a la Iglesia, es decir, los escogidos por Dios desde antes de la fundación del mundo (véase 1: 4); cada creyente es salvo por la gracia de Dios mediante la fe, sin ninguna obra, incluyendo el bautismo (véase 2: 8-10). Sin embargo, el lavado del bautismo, junto con la confesión personal de los creyentes, constituye su respuesta para beneficiarse de la santificación traída por la muerte de Cristo.

Cristo murió para consagrar a la Iglesia; la ha separado para presentársela a sí mismo como una iglesia gloriosa (v. 27a). Como vemos, el versículo 27a se amplifica tanto negativa como positivamente. Del lado negativo, la naturaleza gloriosa de la Iglesia consta de estar libre de «mancha ni arruga ni cosa semejante» (v. 27b). Por el lado positivo, la iglesia será santa y sin mancha (v. 27c). Fowl acierta al señalar que «el uso de los términos, "santo y sin mancha" en 5: 27 para describir el fin de la Iglesia, indica que Dios la ha llamado como cuerpo al fin común de la santidad»[269]. De nuevo, Pablo está interesado en que los creyentes hayan guardado su pureza ética cuando se presenten ante Dios. Esta insistencia resalta la dimensión escatológica del pasaje. La santidad de la Iglesia es planteada dentro del contexto de la venida de Cristo, para la que los creyentes deben estar listos. Abbott[270] y Ellicott[271] han sugerido que *hagiase* no se refiere a «consagración», sino a la «infusión de la santidad y pureza mo-

---

[268] Fowl, "Ephesians", 189.

[269] Ibíd., 40.

[270] Abbott, "Ephesians", 168.

[271] Ellicot, "St. Paul's Epistle to the Ephesians", 130.

LA SANTIDAD EN LA CARTAS DE PABLO

ral»[272]. La pureza moral no siempre es vinculada con la santificación o consagración; por el contrario, surge en la medida en que el creyente obedezca a Cristo Jesús, Cabeza de la Iglesia (véase 5:23f.).

LA SANTIDAD ES MULTIFACÉTICA

El estudio del tema de la santidad en Efesios revela que, si bien es cierto que los creyentes efesios estaban claramente en unidos espiritualmente a Cristo, el apóstol tomaba en serio sus necesidades. Por eso insiste en su santidad y mejora espiritual.

Si comparamos la situación de los efesios con los corintios, es difícil llegar a la conclusión de que la santidad es solamente para quienes tengan luchas en sus vidas. El llamado a la santidad es moverse hacia el máximo potencial de la vida «en Cristo».

Nótese que Pablo insiste en que seamos santos y sin mancha en el contexto de la parusía, la manifestación de Cristo. Aquí se hace eco de Hebreos capítulo 12 v. 14: «Buscad la paz con todos y la santidad, sin la cual nadie verá al Señor». Para Pablo, la santidad es multifacética. Es la participación en la vida de Cristo. La santidad es un estatus y un estado. Quienes pertenecen a Dios deben vivir a la altura de su llamado. Aunque personal, no es individualista. Se manifiesta en las relaciones sociales dentro de la comunidad de fe, protegiéndola de la contaminación moral del mundo.

---

[272] Ibíd.

Capítulo 7

La Santidad en Filipenses

Como hemos visto, la santidad está entretejida en el edredón de la teología paulina. Sus epístolas contienen muchas instrucciones, exhortaciones y advertencias para una vida santa. Pablo continúa esa tarea en su Epístola a los Filipenses. Según este, la santidad no es un dogma ni un concepto abstracto, sino una realidad práctica en la vida cotidiana del creyente. Es la esencia de la vocación cristiana.

Pablo presenta en Filipenses una santidad que requiere que vayamos más allá de lo obvio. En cambio, debe prestársele atención a los motivos, los conceptos y las alusiones al tema. Por ejemplo, aunque *hagíos* y sus cognados[273] son usados de manera limitada, el resto del vocabulario alude a motivos relacionados con la santidad. Además, la vida de Cristo es presentada, no solamente como el ideal, sino también el paradigma de la santidad tanto para la creyente como la comunidad.

Filipenses 1: 9 – 11

Pablo menciona sus oraciones por los filipenses en el v. 4. Acto seguido, nos revela su contenido:

---

[273] Este grupo aparece en tres pasajes 1: 1; 4: 21 y 4: 22. En 1: 1, Pablo emplea el término de la misma manera que lo hace en otros pasajes para reconocer como el pueblo santo de Dios a sus conversos «gentiles» y a los distintos grupos sociales que componen la iglesia. Tanto aquí como en 4: 21, Pablo los trata como «santos en Cristo» y «santos en Cristo Jesús».

LA SANTIDAD EN FILIPENSES

Y esto pido en oración: que vuestro amor abunde aún más y más en conocimiento verdadero y en todo discernimiento, a fin de que escojáis lo mejor, para que seáis puros e irreprensibles para el día de Cristo; llenos del fruto de justicia que es por medio de Jesucristo, para la gloria y alabanza de Dios.

Cuando examinamos la oración, notamos su preocupación por la santidad de los filipenses. Así lo confirman varias de sus partes. En primer lugar, en el v. 9, ora por el crecimiento del amor mutuo entre los filipenses. Esta oración por «amor» va más allá del afecto. Como señala Gordon Fee, «*Amor*, según Pablo y siguiendo la línea de la Septuagésima, en primer lugar, señala el carácter y las acciones cónsonas de Dios hacia su pueblo»[274]. Este añade que el resto de la oración trata sobre el comportamiento[275].

Pablo está interesado en el amor que nace de la voluntad con un fin: el tipo de amor desinteresado que Cristo demostró con su vida y sacrificio (Flp 2: 5-9). Por ese amor ora para los filipenses. Tiene abundar más y más.

Su oración vincula la abundancia del amor de los filipenses con su conocimiento y discernimiento (1:9b). Está pidiendo un amor cognoscible que inspira acciones correctas. Estas peticiones por el crecimiento del amor mutuo y el conocimiento de los filipenses culminan con la frase «... a fin de que escojáis lo mejor...» (v. 10a). En otras palabras, ruega que reciban el conocimiento y discernimiento de lo bueno y lo malo, pero también que actúen acorde.

Pablo continúa orando para que la iglesia «... seáis puros e irreprensibles para el día de Cristo» (v. 10b). Su plegaria es que estén puros a la venida de Jesús. Este entiende que la santidad

---

[274] Fee, "Philippians", 98.

[275] Ibíd.

LA SANTIDAD EN LA CARTAS DE PABLO

es necesaria para el día de Cristo. Su oración por sinceridad (*eilikrinés*) se refiere a la integridad y pureza moral. Así ha descrito las intenciones de su ministerio en Cristo (2 Co 1: 12; 2: 17), aludiendo a un carácter genuino, auténtico y transparente delante de Dios y otros. El segundo mandato, «irreprensibles» (*apróskopos*), es utilizado en 1 Corintios 10 v. 32 en el sentido de ser piedra de tropiezo. También, connota una vida libre de delitos, como en Hechos 24 v. 16.

Este segundo significado es más probable ya que Pablo ha expresado su preocupación por la condición de los creyentes ante el juicio de Cristo. Por lo tanto, al igual que en el versículo 6, tiene en vista la obra de Dios entre los filipenses a la luz de su comparecencia el «día de Cristo». Espera que vivan en santidad en el presente en anticipación del día de Cristo. De modo que, la santidad no es una aspiración o meta para el futuro retorno de Cristo. Más bien se trata de su carácter moral en el presente, de su preparación para que resistan el gran día de la prueba[276].

Pablo ora por el crecimiento de la santidad que Dios ya ha depositado en los filipenses. Dios los ha purificado de toda mancha; por consiguiente, sus vidas deben reflejar su gracia. Sin embargo, nadie puede reflejarla mientras que viva en pecado, falta de discernimiento y amor. De ahí que el apóstol ore por la pureza de la iglesia a la venida de Cristo. Por último, ora para que sean llenos del fruto de justicia. Su vida en Cristo abundará en fruto espiritual en la medida en que crezcan en amor, conocimiento, discernimiento y rectitud, y sean sinceros e irreprensibles para su venida. Este fruto visible es «amor, gozo, paz, paciencia, benignidad, bondad, fidelidad, mansedumbre y dominio propio» (Ga 5: 22-23). Se verá en su humildad (Flp 2: 1-8) y en la esperanza en la venida de nuestro Dios y Salvador Jesucristo (Tit 2: 11-14).

---

[276] Flemming, "Philippians", 57–58.

LA SANTIDAD EN FILIPENSES

Pablo expone tanto en su oración (1: 9-11) como en sus exhortaciones que los filipenses necesitan vivir en santidad y de un modo digno del Evangelio de Cristo (1: 27); imitar a Cristo (2: 5-9); luchar por el premio (3: 12-16) y sus pensamientos (4: 8-9). En última instancia desea que sean perfectos. Su oración nace de su deseo de traer alabanza y gloria a Dios (1: 11). El que los filipenses manifiesten el fruto de justicia glorificará al Dios que los redimió.

Filipenses 1: 27-30

Pablo ha detallado sus propias circunstancias personales (sus sufrimientos a consecuencia de su fidelidad al Evangelio), sobre todo que no sería disuadido a abandonarlo. Ahora se enfoca en el sufrimiento de los filipenses. A pesar de la intensa persecución, les responde con una larga oración, cuya primera parte amerita atención (v. 27). Su exhortación comienza con «solamente» (*monon*). Karl Barth medita en el significado de esa palabra y concluye con la traducción «¡solo una cosa!»[277]. Comenta que es una señal de advertencia. Los filipenses deben atender el consejo de Pablo acerca del vivir en la luz cualesquiera sean sus circunstancias actuales.

La palabra traducida «compórtense» se deriva de *políteusthe*, la cual literalmente significa 'vivir como ciudadanos' o 'vivir la ciudadanía', una metáfora política rara[278] que los filipenses entenderían debido a que su ciudad era una colonia romana (Hechos 16: 12). Los residentes gozaban del estatus legal y ciertos de los privilegios reservados para los romanos de nacimiento, tales como la exención de impuestos de capitación y de la tierra. Sin embargo, tales privilegios imponían ciertas obligaciones. Pablo transfiere esta idea a los filipenses cuando plantea que su ciudadanía es celestial (3: 20). Por lo tanto, los exhorta a que vivan a la altura del Evangelio de Cristo—encarnándolo en

---

[277] Barth, "Epistle to the Philippians", 45.
[278] Flemming, "Philippians", 85.

LA SANTIDAD EN LA CARTAS DE PABLO

su vida cotidiana. Su vida comunitaria debe reflejar en todo momento el amor sacrificado de Jesús (2: 1-11)[279]. Su condición debe igualar su estatus. Su fe debe ser coherente con su conducta. La vida nueva del creyente en Cristo exige una manifestación. Debe vivir de acuerdo con el Evangelio. Tiene que encarnarlo. El Evangelio establece una norma de conducta que es la esencia de la santidad.

Este texto presenta dos puntos importantes. En primer lugar, Pablo hace un llamado a la santidad de la iglesia como cuerpo. Era una convocatoria para todos sus miembros. En segundo lugar, los llama a una santidad demostrable. Es moral y ética.

Filipenses 2: 14-16

Aquí encontramos a Pablo exhortando a los filipenses a vivir en santidad — el resultado práctico de su salvación. Deben vivir como el pueblo santo de Dios en un mundo al que Pablo describe como muy como torcido y perverso. Escribe:

> Haced todas las cosas sin murmuraciones ni discusiones, para que seáis irreprensibles y sencillos, hijos de Dios sin tacha en medio de una generación torcida y perversa, en medio de la cual resplandecéis como luminares en el mundo, sosteniendo firmemente la palabra de vida, a fin de que yo tenga motivo para gloriarme en el día de Cristo, ya que no habré corrido en vano ni habré trabajado en vano.

Esta exhortación presenta la santidad tanto en términos positivos y negativos. En el sentido negativo, Pablo insta a los filipenses a no quejarse ni discutir. Tres términos describen su constante preparación. El primero, *amemptos*, «irreprensible», aparece en la Septuagésima describiendo a Abraham (Gn 17: 1). Dios le ordenó que anduviera delante de él y fuera perfecto.

---

[279] Ibíd.

LA SANTIDAD EN FILIPENSES

También aparece en varios pasajes de Job como el paralelismo de *díkaios*, 'justo' (Job 9:20; 12:4; 15:14; 22:19); y *katharos*, 'puro' (Jb 4: 17; 11: 4; 33: 9). Se traduce como la palabra hebrea *tam* 'irreprensible' o 'inocente' (Jb 2: 3; 9: 20); *tahar*, 'puro'; y *bar*, 'pura' (Jb 11: 4).

El segundo término *akeraios*, «sencillos», aparece solamente en Mateo 10 v. 16 y Romanos 16 v. 19. Se traduce como 'inocente' y 'sencillo', con matices éticos. Los seguidores de Cristo deben mantener el equilibrio entre la prudencia y la pureza[280].

El tercer término es *amomos*[281]. Se encuentra en Éxodo, Levítico, Números y Ezequiel en el contexto de la adoración, en donde se traduce como *tam*, 'sin culpa', en referencia a los animales para el sacrificio. Sin embargo, también describe el estado moral de una persona. David compone su cántico de liberación declarando que «había vivido en integridad moral, que había caminado en los caminos de Dios y rechazado la maldad, había vivido dentro de los juicios y estatutos de Dios y era inocente»[282]. Escribe:

> También fui íntegro para (*amomos*) con Él, y me guardé de mi iniquidad. Por tanto, el Señor me ha recompensado conforme a mi justicia, conforme a la pureza de mis manos delante de sus ojos (Sal 18: 23-24).

Este sentido es aplicado al Salmo 15, en donde David inquiere acerca de la naturaleza y el carácter de la persona que desee entrar en la presencia de Dios. Todavía es una pregunta importante, tanto en términos de preparación para la adoración como del fin del mundo:

---

[280] Hahn, "Matthew", 139.

[281] Véase los comentarios acerca de esta palabra en el capítulo anterior.

[282] Craigie, "Psalms", 1–50, 174–175.

LA SANTIDAD EN LA CARTAS DE PABLO

Señor, ¿quién habitará en tu tabernáculo? ¿Quién morará en tu santo monte? El que anda en integridad (*amomos*) y obra justicia, (*ergadzomenos dikaiosyne*) que habla verdad en su corazón

Al llamar a los filipenses a que sean sencillos, irreprensibles y sin defecto, Pablo está pidiendo la transformación moral de todos los aspectos de la vida del creyente en Cristo. Su vida debe ser irreprochable en todo. Los filipenses y, por ende, todos los creyentes, sencillos e irreprensibles, deben presentarse como sacrificios santos y aceptables a Dios. Como resultado brillarán como la luz. Esta metáfora acentúa la radical diferencia entre los creyentes y los incrédulos y muestra el carácter evidente de su santidad.

Filipenses 3: 12-16

Filipenses capítulo 3 versículos del 12 al 16 es importante para el tema de la santidad en este libro, particularmente debido al uso del término «perfección» en los vv. 12 y 15. Pablo no solamente demuestra que la vida santa es posible, sino además, el progreso de la relación con Dios. En otras palabras, la santidad es una señal de crecimiento.

Filipenses 3 versículo 12 comienza con la confesión del apóstol de que todavía no ha alcanzado ni ha sido perfeccionado (*ouk hoti ede elabon he ede teteleiomai*). Fíjese en que el verbo *elabon*, traducido como 'alcanzar' o 'conseguido' carece de un objeto. En este caso, el objeto implícito de *elabon* es la meta de la que Pablo habló en los versículos del 8 al 11: ser el reflejo de las cualidades del Cristo encarnado y resucitado[283]. Su deseo es conocer a Cristo tanto en términos del poder de su resurrección como de sus sufrimientos. Sin embargo, dicho conocimiento está reservado para la resurrección de los muertos al final de los tiempos[284].

---

[283] O'Brien, "Philippians", 422; Getz, "Profile of Christian Maturity", 148.

[284] Cf. Flemming, "Philippians", 183.

LA SANTIDAD EN FILIPENSES

¿Qué significa la *perfección* en este versículo? El verbo *téleioo*, 'perfeccionar', significa varias cosas, entre estas, el terminar o concluir algo, así como el perfeccionar algo o alguien y madurar[285]. Dado que Pablo menciona que todavía no ha alcanzado ese estado, cabe preguntarse en qué sentido no ha sido perfeccionado. Algunos intérpretes entienden que el versículo niega la perfección y más aún, la posibilidad de que la creyente sea de alguna manera perfeccionada (incluyendo santificada) en el tiempo presente[286]. Debido a esta mala interpretación, se ha sugerido que Pablo está confesando que no ha logrado la justicia o santidad. Si así fuera, la santidad no sería vista como una realidad presente, sino la conclusión de la vida de fe, es decir, la creyente no alcanzaría la perfección (en términos de «santidad presente») hasta su muerte. Pero tal no es el caso.

Como señala John Walters, «la frase "todos los que somos perfectos", tres versículos más adelante (v. 15), ha desconcertado a los académicos hasta el punto de limitar el significado de *télios* a 'maduro' en lugar de 'perfecto' o, reconociendo la influencia del verbo, decir que Pablo está burlándose de sus oponentes»[287]. Además, señala que «es común el traducir *téleios* como 'maduro' en pasajes en donde cabe el significado de 'perfeccionista'»[288]. Este acierta en cuanto a que, si bien es cierto que la palabra griega tiene varios significados, la dificultad percibida de optar por *perfeccionista* no justifica de ningún modo que se lea 'maduro' y 'perfecto' como sinónimos, que no lo son en español[289].

---

[285] BAGD, 817. Véase además, Doughty, "Citizens of Heaven," 114. Este traduce la palabra como 'plenitud'.

[286] Beare, "Philippians", 128–32 representa este punto de vista.

[287] Walters, "Perfection in New Testament Theology", 217.

[288] Ibíd.

[289] Véase además la discussion acerca del versículo 15 más adelante.

LA SANTIDAD EN LA CARTAS DE PABLO

Pablo, hasta cierto punto, no conoce ni comprende a Cristo perfectamente[290]. Esta explicación ayudará a la lectora a entender a qué Pablo está refiriéndose con eso de que no lo ha alcanzado. Aún no ha conocido a Cristo en el poder de su resurrección. Es decir, no tiene la perfección resultante de la resurrección, la consumación escatológica de su salvación[291]. No lo confunda con la perfección ética. Antes bien, Pablo tiene en mente la transición a una existencia superior[292].

El versículo continúa afirmando que prosigue con el fin de alcanzar aquello para lo cual fue alcanzado por Cristo. *Asir* (RV1995), *katalambano*, se refiere a algo más que ser el receptor pasivo. El Nuevo Testamento dota esta palabra con el sentido de un apoderamiento o tomar por la fuerza[293]. Se indica un acto agresivo. Pablo está en una búsqueda constante, intensa con el fin de asir aquello para lo cual fue asido por Cristo.

En el versículo 13, Pablo empieza a presentarse como un ejemplo para los creyentes. El apóstol reitera que todavía no ha alcanzado el conocimiento. Una vez más Pablo no indica el objeto directo de su verbo, pero, teniendo en cuenta la meta que mencionó en los versículos anteriores, es probable que esté buscando conocer a Cristo plenamente o la bendición de la resurrección[294]. En cualquier caso, admite que no siente que lo ha «alcanzado» espiritualmente, a diferencia de sus presumidos oponentes.

El apóstol entonces, se torna hacia el aspecto positivo de su condición: «... pero una cosa *hago*: olvidando ciertamente lo que *queda* atrás y extendiéndome a lo que *está* delante». Pablo no

---

[290] Hawthorne, "Philippians", 151.

[291] Martin, "Philippians", 151; O'Brien, "Philippians", 423.

[292] Hooker, "Philippians", 533-34.

[293] O'Brien, "Philippians", 424.

[294] Martin, "Philippians", 152.

ofrece detalles acerca de «esa cosa»[295]. Quizás esté retomando el pensamiento de su exhortación del capítulo 1 versículo 27. Sin embargo, está claro que tiene un propósito en mente. La singularidad de propósito indica una de las muchas facetas de la santidad cristiana. Esta visión clara impedirá que caiga en la trampa de la doblez de ánimo. Se olvida de lo que quedó atrás en pro de alcanzar lo venidero.

El versículo 14 describe el curso de acción de Pablo. Está prosiguiendo hacia la meta, al premio del supremo llamamiento de Dios en Cristo Jesús. Lo curioso es que *meta, skopón*, es mencionada al principio de la oración. La traducción literal es, «a la meta prosigo». Está enfocado en su objetivo. Con esta metáfora de la carrera hace hincapié en la meta final. Correr es importante, pero el corredor no está interesado en la física del movimiento, sino en llegar a la meta. El premio es el resultado de su esfuerzo. Con esto en mente, probablemente no esté refiriéndome al premio del supremo llamamiento en sí, sino al resultado de haber proseguido hacia la meta.

Pablo retoma *dioko* ('prosigo') para describir su búsqueda. La repetición indica que es una «persecución implacable»[296]. De nuevo, Pablo no está corriendo para cualificar para el equipo, sino con el entusiasmo de un atleta aprobado. Su identidad está segura por lo que puede enfocarse en la meta.

El premio se encuentra en el supremo llamamiento de Dios en Cristo Jesús. Este llamamiento puede ser definido de varias maneras. Lo más probable es que se refiera a la esperanza del creyente, su objetivo final: el cielo[297]. De hecho, cuesta pensar en otro objetivo más excelente. En cierto sentido, el cielo es la

---

[295] Ibíd., 153.

[296] Silva, "Philippians", 201.

[297] Véase, "Philippians", 130; Griffith, "This Is Living", 98; Johnstone, "Philippians", 289; Silva, "Philippians", 202. Cada uno de estos sugiere, explíctia o implícitamente, que Pablo tiene en la mira la esperanza celestial al final de la vida cristiana.

LA SANTIDAD EN LA CARTAS DE PABLO

meta final del creyente. Sin embargo, Pablo pudiera estar pensando en algo más.

Quizás Pablo está pensando en su vida escatológica con Cristo. Esto posibilita el alcance de la meta de la santidad en esta vida, por la cual hay que esforzarse. No debe ser confundida con la perfección mencionada en el versículo 12, que es el estado final después de la resurrección escatológica. Por el contrario, debe entenderse como el llamado a la santidad en la vida diaria. Dios hace este llamado en su misericordia para que los creyentes dejen la rebelión y el pecado, a cambio de la comunión con él[298]. Esta comunión debe ser la norma.

Pablo cierra su argumento en el versículo 15. Aquí insta a los que son perfectos a que asuman la clase de actitud que ha descrito. El adjetivo *teléioi* describe a los perfectos. Como ya fuera señalado, esta palabra acepta varias traducciones, como el de personas que cumplen con cierto estándar o que están totalmente desarrolladas, en un sentido moral[299].

La pregunta inmediata a la que se enfrenta el intérprete es a qué está refiriéndose Pablo cuando menciona a los «perfectos» en el versículo 15. Este problema cobra más importancia porque Pablo se incluye entre estos. ¿Quiénes son los perfectos? Algunos sugieren que Pablo esta refiriéndose llana y sencillamente a los que son maduros[300]. Como tal, «perfectos» es sinónimo de madurez.

Mientras que *madurez* es una descripción exacta de este grupo, esta interpretación le resta fuerza al concepto original y pierde el punto. Vale que notemos la observación de Alex R. Deasley. Este indica que es posible hablar de madurez, siempre y cuando entendamos a Pablo. Su argumento es que la palabra

---

[298] Martin, "Philippians", 154.

[299] BAGD, 817.

[300] Véase Johnstone, "Lectures on the Book of Philippians", 293 y O'Brien, "Epistle to the Philippians", 436, como dos de los muchos ejemplos.

«tiene unas dimensiones morales y éticas, evidenciadas por la manera en que es usada en 1 Corintios capítulo 2 versículo 6 y su elaboración de su antónimo en el capítulo 3 versículos del 1 al 3»[301]. Tampoco es aceptable interpretarla como «meramente un largo proceso»[302]. Como Morna Hooker arguye,

> En el presente contexto, «perfectos» (*teléios*) probablemente tiene un significado más explícito que el de *madurez*... Pablo ha intercambiado una vida intachable según la Ley (v. 6) por la pureza e inocencia de los que son de Cristo y viven en él[303].

La santidad es una realidad para esta vida[304]. No es la excepción, sino la regla. No es imposible experimentarla en esta vida[305].

Pablo instruye a los que son perfectos a que tengan esta «actitud» o mentalidad. Está refiriéndose a que olviden el pasado y ganen el premio[306]. Está indicando que la verdadera santidad implica la búsqueda constante del crecimiento en la gracia. No es una arrogancia estática de creer que se ha llegado. Por el contrario, es el entendimiento de que ningún creyente debe contentarse con el nivel actual de su experiencia cristiana[307].

Siempre queda espacio para seguir creciendo y desarrollándose, cosa que los santos entienden muy bien. El apóstol concluye este versículo declarando confiadamente que Dios le revelará la verdad a cualquier miembro que difiera de su men-

---

[301] Deasley, "Philippians," 218.

[302] Ibíd.

[303] Wilson et al., "Galatians, Philippians, Colossians", 219.

[304] Johnstone, "Philippians", 286.

[305] Popkes, "New Testament Principles of Wholeness," 322.

[306] O'Brien, "Philippians", 437.

[307] Getz, "Profile of Christian Maturity", 151.

saje. Está seguro de que este paradigma es la norma de la vida cristiana.

Sin embargo, reconoce que algunos de los miembros tendrán otras opiniones. En lugar de afirmar su autoridad apostólica y de imponerles su visión, espera que Dios ilumine y corrija a los disidentes[308]. Se niega a entrar en una discusión que pudiera ser divisiva. Tan seguro está que no impondrá su voluntad. Si los que difieren pertenecen al grupo de los perfectos mencionados anteriormente, sin lugar a duda serán iluminados al respecto. Además, su confianza en que Dio corregirá los desacuerdos mantiene la unidad y la paz de la comunidad.

En el versículo 16, Pablo exhorta a los filipenses a que mantengan la norma a que se han atenido. En este breve verso vemos la necesidad de avanzar unidos[309]. El verbo *stoicen* subraya el llamado a la unidad. Esta palabra tomada de la jerga militar connota el 'hacer fila' o 'marchar en fila'. Nótese el progreso marcado de la actitud a la práctica[310] y Pablo está llamando a los creyentes a «alinearse» con su enseñanza. Se espera que estén unidos tanto en su actitud como en la práctica de lo que han aprendido.

Este versículo no solamente está preocupado por la unidad. También connota el sentido de mantenerse en posición. Pablo reconoce muy bien que dentro de la comunidad existen diferentes niveles de comprensión. Con esto en mente, llama a los miembros a que vivan al máximo según sus capacidades, guardándose de volver atrás. Dentro del cuerpo habrá quienes por una u otra razón no captarán la verdad con la rapidez o facilidad de los demás. Algunos sencillamente no crecen en gracia a la par con otros creyentes. A estos llama a que continúen a la

---

[308] Martin, "Philippians", 156.

[309] O'Brien, "Philippians", 442.

[310] Ibíd.

LA SANTIDAD EN FILIPENSES

altura de la verdad que ya conocen sin desalentarse ante el crecimiento de los demás. Pablo los desafía a que retengan lo que han adquirido sin volver atrás. Deben retener lo que haya comprendido de la verdad y seguir creciendo en la gracia.

UNA BÚSQUEDA CONSTANTE DE CRECIMIENTO

El estudio del tema de la santidad en Filipenses confirma su naturaleza polifacética y, además, contribuye algo nuevo debido a la terminología empleada. De este capítulo emergen varios hechos importantes.

En primer lugar, Pablo hace esta convocatoria a la santidad desde una perspectiva escatológica. Su espera de la parusía inspira el deseo de vivir en santidad. Pablo vivió escatológicamente y nosotros también debemos hacerlo. Su expectativa de la venida de Cristo satura sus instrucciones a lo largo de sus cartas. Tanto en aquel entonces como ahora conviene que recordemos que debemos seguir creciendo en santidad porque un día (sólo Dios sabe cuándo) Cristo volverá. El pueblo de Dios debería estar listo para presentarse «irreprensible y sencillo» ante su Salvador.

En segundo lugar, Pablo hace un llamado a una santidad corporativa y personal. La Iglesia debe encarnar el Evangelio de Cristo.

En tercer lugar, el análisis del término «perfección» exige que tengamos presente y mantengamos la tensión que existe en *teléioo*, 'perfeccionar' (verbo) y *teléios*, 'perfecto' (adjetivo). Por un lado, la perfección ya está presente, pero del otro lado, todavía tiene que completarse. La perfección final no se alcanzará en esta vida. Por lo tanto, siempre habrá la necesidad de crecer en la gracia y el conocimiento del Señor. En este sentido es claro que, aunque Pablo admite que la santidad es posible en el presente, mantiene la tensión con su aspecto incompleto.

LA SANTIDAD EN LA CARTAS DE PABLO

En cuarto lugar, Pablo ha demostrado que la santidad requiere un crecimiento constante. Esta búsqueda intensa no debe ser confundida con la frenética justica de las obras. Por el contrario, se trata de una actitud inconforme con el estado espiritual actual. Siempre habrá un nivel más alto al que deba aspirarse hasta que lleguemos al cielo. Por eso cada creyente debe esforzarse a diario por crecer más en santidad.

En quinto lugar, Pablo describe su búsqueda de la meta como «una cosa». También, insta a los filipenses a que hagan «una cosa», vivir de una manera coherente con el Evangelio. Los creyentes deberían enfocarse en una cosa: la búsqueda del supremo llamamiento de Dios, la santidad, sin la cual nadie verá al Señor (véase Hb 12: 14).

Por último, tal y como Pablo exhorta a lo filipenses, quienes estaban siendo perseguidos, no debemos permitir que las circunstancias determinen cómo viviremos para Dios. Se nos manda que vivamos de acuerdo con la norma que hayamos alcanzado sin tomar en cuenta a los demás. No debemos usar de excusa el que otros estén estancados en su crecimiento. No hemos sido llamados a amoldarnos, sino a transformar nuestro entorno. Esto es la santidad. A esto Dios nos ha llamado. Tenemos que vivir a la altura de lo que hayamos alcanzado.

Capítulo 8

La Santidad en las Epístolas a los Colosenses y Filemón

Pablo dedica buena parte de su Epístola a los Colosenses a la manera en que los creyentes deben exteriorizar la vida de Cristo. En esta epístola vincula sus exhortaciones a una vida santa con la situación actual de la iglesia, en particular la verdadera espiritualidad. Aunque todavía se debate cuál era la naturaleza de la filosofía que estaba infiltrándose entre las iglesias de Colosas y quiénes eran sus propagandistas, existe consenso en cuanto a que esta herejía degradaba la singularidad de la obra de Cristo e imponía un ascetismo falso sobre los creyentes.

Pablo argumenta que la salvación depende solamente del sacrificio de Cristo y la participación de los creyentes en Cristo. Les habla del perdón y la resurrección que han experimentado con Cristo. Luego, los exhorta a que vivan en novedad de vida. Como creyentes deben reflejar a Jesucristo mediante el poder del Espíritu Santo. Deben aceptar y vivir de una manera cónsona con su profesión de fe e identidad en Cristo: el pueblo «santo» de Dios.

Ahora, procedamos con la exploración del tema de la santidad dentro del corpus paulino, examinando algunos de los subtemas y el vocabulario.

LA SANTIDAD EN COLOSENSES Y FILEMÓN

Colosenses 1: 2

Hagíos aparece por primera vez en el versículo 2, en donde Pablo trata a los colosenses como «los santos». Como ya ha sido mencionado, la palabra sugiere una separación o pertenencia, pero también, tiene una connotación moral y ética. Debe señalarse también, el inconfundible énfasis corporativo del versículo con la frase «en Cristo». Los colosenses están en Cristo como individuos y pueblo. Estaban en Cristo y Colosas. Como tal, debían vivir a la altura del pueblo de Dios. Esta frase hace hincapié en que el factor determinante de su identidad como pueblo de Dios no es el parentesco ni la lealtad étnica, sino su unión con Cristo.

Pablo acomete el tema de la santidad siguiendo el patrón de sus exhortaciones e instrucciones anteriores. Su vocabulario y lenguaje está lleno de metáforas que realzan la santidad como la esencia del carácter del estatus de pueblo de Dios. Como tal, nótese el enfoque polivalente que predomina en Colosenses.

Colosenses 1: 21-23

Pablo pasa de su saludo en los primeros versículos a la sección de agradecimiento y oración (vv. 3-14), seguida inmediatamente por la discusión de la supremacía de Cristo. En los versículos del 15 al 20, yuxtapone el papel de Cristo en la creación con el de la redención. La última parte del versículo 20 resume lo que ha sido dicho sobre la reconciliación de todas las cosas, explícitamente, «ya sean las que están en la tierra o las que están en los cielos», pero, como insiste el versículo 16, «.. tanto en los cielos como en la tierra…»[311].

A partir de lo que ha dicho sobre la persona y obra de Cristo, Pablo usa la larga oración del versículo 23 para demostrar sus efectos sobre sus lectores. Establece la condición en la que se encontraban antes de haber conocido a Cristo (v. 21), se-

---

[311] Bratcher and Nida, "Paul's Letters to the Colossians and to Philemon", 29.

LA SANTIDAD EN LA CARTAS DE PABLO

guido por el verbo principal «os ha reconciliado» (v. 22), el que describe la obra salvadora de Dios y su propósito («a fin de») y cuyo cumplimiento está condicionado a la constancia y fidelidad de los colosenses al Evangelio que les fue predicado por Pablo (v. 23).

Colosenses capítulo 1 versículos del 21 al 23 describe el estatus anterior de los lectores como uno de alejamiento y hostilidad; su reconciliación, su fundamento y resultado; y la necesidad de que respondan positiva y constantemente al Evangelio. El versículo 21 pasa de la belleza del himno cristológico a la aplicación explícita de la obra de Jesús en los colosenses.

El versículo 21 describe su condición anterior; el versículo 22, su estado actual; mientras que el versículo 23 plantea las condiciones para permanecer en su estado[312].

Pablo describe la condición pasada de tres maneras. En primer lugar, dice que estuvieron «alejados» de Dios. Esta frase tomada de Isaías capítulo 57 versículo 19 solamente es aplicada a los gentiles. El profeta está describiendo una época en la que hasta los gentiles, los «alejados», escucharían y aceptarían el mensaje de la paz de Dios.

Pablo explica este argumento en Efesios capítulo 2 versículo 12. Aquí afirma que los gentiles no tan solamente enajenados de Cristo, sino también de Israel, el pacto y cualquier esperanza. Que esta enajenación ha sido eliminada por medio de Jesucristo, el «misterio» (Ef 3: 6; Col 1: 26-27) que fue revelado a los apóstoles y a los creyentes judíos primeramente (Ef 1: 9ss.). Estuvieron enajenados de Dios hasta que Cristo vino.

En segundo lugar, Pablo describe a estos gentiles — antes de que Jesús los «reconciliara» — como «enemigos en vuestra

---

[312] Esta sección evoca Ef 2: 1 13. En Efesios capítulo 1, Pablo describe el privilegio de ser parte de Israel, el pueblo elegido de Dios, los «santos» originales. En Efesios capítulo 2, describe a los gentiles como «muertos en sus delitos y pecados». Entonces, en Efesios 2: 13, dice: «Pero ahora en Cristo...». Este patrón se repite es Colosenses.

mente» (Col 1: 21). Efesios 4 versículo 18 dice que los gentiles están «entenebrecidos en su entendimiento». Y en Romanos, son descritos como «vanos en sus razonamientos» (Rm 1: 21) y de «mente depravada» (Rm 1: 28). Al parecer está indicando que quienes viven sin el conocimiento de Dios carecen de una mentalidad que armonice con el mundo.

La tercera descripción de los gentiles impíos son sus «malas obras» (Col 1: 21). Estas malas obras o acciones son el resultado de su mente hostil[313] porque de ahí se genera el comportamiento. La relación entre las acciones y los pensamientos, tanto en lo personal como corporativo, es harto conocida[314].

En el versículo 22, Pablo habla del efecto reconciliador de la crucifixión de Cristo sobre aquellos que habían estado distanciados y hostiles. El «sin embargo, ahora» es sorprendente retóricamente. Aquí traza un contraste marcado con su actual condición en Cristo Jesús. Esta gran obra cósmica y reconciliadora también, es personal y ocurre mediante la muerte de su cuerpo físico. La fe cristiana no es un sistema religioso ni una colección de dogmas, sino más bien una relación con el Cristo crucificado y resucitado. Este uso del lenguaje de la reconciliación pone de relieve el cambio en la relación. Los lectores no tenían una relación con Dios, pero ahora sí por medio de la muerte de Cristo[315]. El propósito de esta reconciliación es «… presentaros santos, sin mancha e irreprensibles…» (Col 1: 22). Aquí volvemos a encon-

---

[313] Esta relación causal no es tal y como la plantea la Nueva Versión Internacional: «… por su actitud y sus malas acciones, estaban alejados de Dios y eran sus enemigos».

[314] Véase Schaffer, "Escape From Reason", para la discusión de la relación entre los pensamientos y las acciones desde la perspectiva de la historia de Europa Occidental y de los Estados Unidos.

[315] Sumney, Colossians, 85: «La metáfora de la reconciliación alude principalmente al establecimiento de una buena relación entre las partes. La humanidad ha permanecido enemistada y hostil hacia Dios, quien ha tomado cartas en el asunto para cambiar su perspectiva. Por medio de Cristo, Dios ha demostrado su amor, bondad y voluntad de perdonar a tal punto que ha superado la hostilidad que existía en las mentes y las acciones de los lectores».

trar la palabra utilizada en el versículo 2 del primer capítulo. Gracias a la muerte de Jesús es que los gentiles son el «pueblo de Dios», consagrado y dedicado a su servicio.

Lo tentador sería que interpretásemos *hagíos* como en el versículo 2, es decir, simplemente en términos de pertenencia. Sin embargo, tiene otras implicaciones. Como señala Martín: «La reconciliación toca las vidas humanas y surte el efecto de un carácter y una conducta diferentes»[316]. La consecuencia de esta nueva relación que Cristo ha establecido entre la creyente y Dios es que, ahora es santa, sin mancha e irreprensible. Sin duda, la santidad conlleva algo más que una mera separación. Connota una pureza ética.

Los colosenses fueron separados para Dios por medio de la reconciliación. Por lo tanto, es absurdo que la interpretación de este pasaje concluya que los creyentes han sido separados para que sean presentados ante Dios. Los reconciliados (Col 2:12) fueron resucitados con Cristo, viven en Cristo (Col 3:1-2), se han despojado del viejo hombre y revestido con el nuevo. Entonces, ¿cómo deben vivir mientras esperan su presentación final ante Dios?

Pablo explica las implicaciones éticas de la vida resucitada en el capítulo 3 del 1 al 14. Esta conlleva «hacer morir» (RV1995) en el cuerpo—«los miembros de vuestro cuerpo terrenal como muertos a la fornicación, la impureza, las pasiones, los malos deseos y la avaricia, que es idolatría»—y el «desechar» los pecados de la actitud: «ira, enojo, malicia, maledicencia, lenguaje soez de vuestra boca» (vv. 5, 8). Nótese que estos verbos («haced morid» y «desechar») connotan un acto decisivo y crucial. Dado que han sido transformados (el uso del modo indicativo evoca Rm 6), ahora son exhortados a revestirse de las virtudes propias de su nueva condición (vv. 5, 12).

---

[316] Martin, "Reconciliation", 123.

LA SANTIDAD EN COLOSENSES Y FILEMÓN

La muerte de Cristo no solamente implica que los creyentes se presenten ante Dios: todos comparecerán ante el Tribunal de Dios (Rm 14: 10). El que Cristo haya establecido una nueva relación entre la creyente y Dios resulta en que la presentará santa, sin mancha e irreprensible. Se ha sugerido que Pablo está pensando en los sacrificios, por lo que ve a Dios como el *momoskopos* ('examinador') de las víctimas[317] durante el transcurso de sus vidas. Esto es factible. Sin embargo, la conjugación del verbo *presentar* (*parastesai*) sugiere una sola presentación, en lugar de un escrutinio constante. «Presentar», «santo» y «irreprensible» no usados exclusivamente en contextos alusivos al sacrificio. Uno puede interpretar con razón Pablo en este contexto como la visión de Dios como el juez en el momento final, en lugar de «inspector de manchas».

Los tres adjetivos (santos, sin mancha e irreprensibles) describen el estado moral y espiritual del creyente. Estos imparten un efecto dramático a la muerte redentora de Cristo que ha purificado totalmente los pecados, las manchas y faltas de su pueblo. Estos denotan respectivamente los aspectos positivos y negativos del nuevo carácter del creyente y sus consecuencias[318]. *Hagíos*, de por sí en este contexto, no denota «separados para Dios», sino la pureza ética de la creyente. Pablo está hablando de un pueblo que ya fue separado para Dios mediante la reconciliación. Por lo tanto, hay que ser bien perezoso para limitarse a interpretarlo como que ha sido separado para presentarlo ante Dios por separado. No, el creyente ha sido separada para que comparezca pura éticamente ante Dios. Las personas que se han despojado del viejo hombre y revestido del nuevo (3: 9s.), en contraste con los incrédulos, comparecerán ante Dios con un carácter santo. Esta se desprende del sacrificio de Cristo.

---

[317] Véase por ejemplo, Lightfoot, "Colossians and Philemon", 162.

[318] Bratcher y Nida, "Paul's Letters to the Colossians and to Philemon", 32-33.

LA SANTIDAD EN LA CARTAS DE PABLO

Tal declaración lleva a la siguiente pregunta: ¿Cuál será el carácter de los creyentes en el ínterin? La pregunta es pertinente, pero queda sin respuesta. Para ello habría que tomar en cuenta Col 1: 9-10 y 3: 1- 4: 5, en la presente carta, y otros pasajes, tales como 1 Ts 3: 11–13; 4: 3–8; 1 Co 7: 32-34; Rm 6: 19-22; 12: 1. Estos pasajes señalan categóricamente que Pablo esperaba que los creyentes manifestaran su santidad—pureza ética—en la actualidad, conformándose cada vez a la imagen de Cristo. *Irreprensible* denota la ausencia de esas cualidades que distinguen a quien no se ha reconciliado con Cristo.

La LXX utiliza *amomos* con el sentido de «sin defecto» (es decir, físicamente íntegro) en contextos alusivos a los sacrificios (p. ej. Lv 1: 3, 10; 3: 1, 6, 9, etc.), en donde la calidad del animal es coherente con el carácter puro y santo de Dios[319]. También es usada en otros contextos, sobre todo en los Salmos. Esta palabra describe a la persona que se ha apartado del mal con tal de agradar a Dios. La persona *amomos* ha cumplido las ordenanzas de Dios en su trato con sus semejantes (véase Sal 15: 2ss. [LXX: 14: 2ss.]). La persona que entrará a la presencia de Dios deberá conocerse no solamente por su bondad, sino por su inocencia[320]. Ha vivido según los estatutos de Yahvé; ha evitado la maldad y vivido en integridad moral, anduvo en los caminos de Dios y se ha guardado de iniquidad (Sal 18: 23 [LXX: 17: 24]). El Salmo 19 versículo 13 (LXX: 18: 14) es un buen ejemplo de *amomos*:

> Guarda también a tu siervo *de pecados* de soberbia; que no se enseñoreen de mí (*tote amomos esomai*). Entonces seré íntegro, y seré absuelto de gran transgresión.

Queda claro que en Colosenses capítulo 1 versículo 22 *amomos* no denota un sacrificio. Puesto que describe a los reconciliados que comparecerán ante Dios, lo lógico es definirlo en

---

[319] Hartley, "Leviticus", 19.

[320] Craigie, "Psalms 1–50", 151.

términos de pureza ética, en el sentido de que nada impide que se acerque a Dios.

Anégkletos que significa 'irreprensible', es utilizada con el mismo matiz de 1 Corintios capítulo 1 versículo 8 para describir a los creyentes en Cristo. En ambos contextos está refiriéndose al futuro. Pablo dice de los corintios: «… el cual también os mantendrá firmes hasta el fin, para que seáis irreprensibles en el día de nuestro Señor Jesucristo» (RV1995). Los colosenses serán irreprensibles en su presencia. No serán rechazados porque comparecerán santos y sin mancha. Los cristianos son intachables e irreprochables ante Dios gracias a que Cristo los ha justificado con su muerte y resurrección[321].

El «sin embargo, ahora» es sorprendente retóricamente. Aquí traza un contraste marcado con su actual condición en Cristo Jesús. Esta gran obra cósmica y reconciliadora también, es personal y ocurre mediante la muerte de su cuerpo físico. La fe cristiana no es un sistema religioso ni una colección de dogmas, sino más bien una relación con el Cristo crucificado y resucitado. Este uso del lenguaje de la reconciliación pone de relieve el cambio en la relación. Los lectores no tenían una relación con Dios, pero ahora sí por medio de la muerte de Cristo. El propósito de esta reconciliación es «… presentaros santos, sin mancha e irreprensibles…» (Col 1: 22). Aquí volvemos a encontrar la palabra utilizada en el versículo 2 del primer capítulo y en Filipenses capítulo 1 versículo 1. Gracias a la muerte de Jesús es que los gentiles son el «pueblo de Dios», consagrado y dedicado a su servicio.

Las descripciones de los reconciliados no se refieren a su conducta personal, sino más bien a su posición en Cristo Jesús. Según este pasaje, solamente «en Cristo» puede compararse ante Dios en inocencia. Esto será revelado en el juicio final. Esta declaración expresa el poder de la gracia para crear algo nuevo.

---

[321] Kittel et al., "Theological Dictionary", 357.

LA SANTIDAD EN LA CARTAS DE PABLO

El significado de *anégkletos* está claro en la pregunta de Romanos capítulo 8 versículo del 3 en adelante[322]. Nadie puede acusar a los cristianos.

Pablo concluye esta sección con una condición. Los colosenses podrán apropiarse de la obra redentora de Cristo siempre y cuando «permanezcan en [la] fe» y «sin moverse de la esperanza del evangelio» (Col 1: 23). Al igual que en la sección de acción de gracias, vuelve a vincular la fe con la esperanza. El lenguaje es alusivo a la fundación de una casa. Tienen que estar bien cimentados y constantes en la fe y la esperanza para que resistan las amenazas de los falsos maestros. Pablo afirma que el evangelio es proclamado a «toda la creación debajo del cielo» (Col 1: 23). Los falsos maestros predicaban un evangelio exclusivista; Pablo predicaban el evangelio de Jesús para todos (Véase Col 1: 28-29)[323].

En Colosenses capítulo 1 versículos del 28 al 29, Pablo describe su ministerio y el de sus colegas («nosotros») con tres palabras. En primer lugar, dice que «proclaman» a Jesús. Esta palabra es casi siempre utilizada para referirse a la predicación misionera en el Nuevo Testamento (es decir, la evangelización). Esta «proclamación» consta de: la Palabra de Dios (Hch 13: 5; 17: 13), la resurrección (Hch 4: 2), el perdón de los pecados (Hch 13: 38), el misterio (Col 4: 3), el testimonio de Dios (1 Co 2: 1), el evangelio (1 Co 9: 14) y a Jesús (Flp 1: 17-18; Col 1: 28). Luego, distingue su ministerio de dos maneras: «amonesta» y «enseña». No basta con el anuncio del mensaje del evangelio. Es menester que sea aplicado a la vida cotidiana.

Colosenses 1: 28

Pablo declara su misión: presentar a cada persona perfecta en Cristo. La traducción de *teléios* es 'completo'. «Todos», que se repite tres veces en este pasaje (dos veces en la NVI), son com-

---

[322] Ibíd.

[323] Weedman, "Philippians-Thessalonians", 107-9.

pletados. El evangelio de Cristo es para todos, al contrario del exclusivismo de los falsos maestros en Colosas. Todos, no solamente la élite, tienen acceso a «toda sabiduría»[324]. Su ministerio es presentar a cada persona perfecta en Cristo Jesús. Pero, ¿a qué está refiriéndose con *perfecto*? *Teléios* tenía una amplia gama de significados[325] en el siglo I, así como en las epístolas de Pablo. Su significado va desde 'maduro', 'desarrollado plenamente' o 'perfecto'. En la LXX, *perfecto* (*teléios*) a veces describe a los corazones dedicados a Dios (2 R 8: 61; 11 :4; 15: 3, 14; 20:3) y sin mancha (Gn 6: 9; Dt 18: 13). Aparece en aposición a «justo» (*díkaios*): Noé es descrito como «perfecto» (hebreo, *tamim*; LXX, *téleios*) entre sus contemporáneos y anduvo fielmente con Dios (Gn 6: 9). «Perfecto» en este sentido es sinónimo de intachable. Como tal, significa que Noé era intachable e irreprensible entre sus vecinos.

La justicia de Noé es descrita como intachable y fiel en su andar con Dios. De modo que no está refiriéndose a su madurez. Por el contrario, su fiel andar con el Señor produjo una vida de calidad. Los *Manuscritos del Mar Muerto* añaden las connotaciones de 'sin defecto', 'impecable', 'íntegro', 'recto'[326]. La palabra tiene una dimensión moral y ética[327].

En Génesis capítulo 17 versículo 1, Dios llama a Abraham a que camine delante de él y sea perfecto, ¡como Noé! Dwight Swanson hace unas observaciones muy perspicaces acerca de *teléios*. Vale la pena que lo citemos. Este escribe:

---

[324] Ibíd., 113.

[325] Véase Flemming, "Philippians", 192: «Tómese, por ejemplo, 1 Co 2: 6, en donde Pablo contrasta a los "adultos" espirituales (*teléioi*) con "infantes en Cristo" por sus celos y contiendas (3: 1-3; véase, además, 14: 20). Tanto en Efesios como en Colosenses, el ser perfecto significa ser espiritualmente "íntegro" o "completo", alcanzando la plenitud de la medida de Cristo» (Ef 4: 13; véase Col 1: 28; 4: 12; compare Mt 5: 8; 19: 21; St 1: 4).

[326] Kittel et al., "Theological Dictionary", 1164.

[327] Deasley, "Philippians", 217.

LA SANTIDAD EN LA CARTAS DE PABLO

Algunas versiones contemporáneas de la Biblia optan por la traducción «sé intachable», que no sirve de mucho a menos que entendamos que es un término de la jerga del sacrificio. La palabra hebrea *tamim*, incluye el sentido de plenitud e integridad, en gran parte de un modo similar al término griego «perfecto» (*teléios*). No es una perfección absoluta, sino una descripción de que cumple totalmente su función: el cordero a ser sacrificado quizá no hubiera ganado un premio en la feria agrícola, pero está sano. Los escritores bíblicos han tomado estas imágenes de esta esfera sacrificial, en donde el animal está libre de defectos físicos, hasta la esfera ética como aquello que es íntegro moralmente ante Dios. Esto lo vemos cuando aparece como «perfecto/intachable»: las obras del Señor son perfectas y sus caminos son justos (Dt 32: 4) — término que abarca «fiel, recto, equitativo»; David insiste en que ha sido perfecto con el Señor, guardándose de la iniquidad, de la misma manera en que Dios ha sido fiel a su amor, mostrándose perfecto con los perfectos (2 Sm 22); Job sostiene que es perfecto y justo a pesar de la sorna con que es tratado por los que lo rodean (Jb 12: 4).

En vista de los ejemplos anteriores debemos entender que Abraham está siendo llamado a vivir en integridad, fidelidad y justicia. En palabras simples, a una vida cónsona con las obras de Dios (2 Sm 22), pues andar con él es actuar como él[328].

Entonces, ¿qué debemos entender de la perspectiva de Pablo acerca de la perfección dentro del contexto bajo estudio? En primer lugar, entiéndase que el apóstol no usa el lenguaje de la perfección de un modo uniforme. Como señala Paul Johaness Du Plessis, *perfección* (*teléios*) incorpora la noción de integridad, la cual Pablo utiliza en diversos contextos con distintos matices. Se refiere a la «totalidad del estado redimido» (véase 1 Col 2: 6;

---

[328] Swanson, "Re-Minting Christian Holiness", 4–6.

LA SANTIDAD EN COLOSENSES Y FILEMÓN

Flp 3: 15; Col 1: 28; 4: 12)[329]. En segundo lugar, el uso de Pablo de la perfección es nunca en términos absolutos. En cambio, es siempre relativa, es decir, relacionado con la persona o al objeto de ser perfeccionado. En otras palabras, su significado depende de la naturaleza de la meta o el objeto a ser perfeccionado[330].

Según Margaret MacDonald, aunque Pablo estuviera pensando en la comparecencia de los colosenses al juicio final, su perfección en el presente cobraría más importancia[331]. A la luz del versículo 22, esta perfección aplica a la totalidad de la persona, no solamente a su conocimiento. Se refiere a la santidad y exige una obediencia total[332].

Colosenses 3: 12-17

Ya hemos mencionado que Pablo estaba interesado en que los colosenses vivieran como creyentes, tanto en el aspecto individual como el colectivo. De esto trata la exhortación de la sección principal: 3: 1-4: 6. En primer lugar, Pablo sienta la base de su exhortación, el estado de los colosenses como resucitados con Cristo (3: 1), que se han despojado del viejo hombre y revestido del nuevo (3: 9-11; véase Rm 6: 3-11; 2 Co 5: 17). Como tales deberían ser santos en todas las dimensiones de la vida. Jerry Sumney lo resume bien cuando escribe: «Esta nueva vida tiene implicaciones morales; de hecho, sienta las bases para la ética. Para los colosenses, no bastaba con que vieran a Jesús como su ejemplo moral. Por el contrario, la vida de los creyentes está determinada por su participación en la resurrección con Cristo»[333]. Dicha vida estaba cimentada en la supremacía de la persona y la obra de Cristo. Debido a estos sucesos transformadores (*oun*, v. 12), Pablo exhorta a sus lectores a que se revistan de las virtudes

---

[329] Du Plessis, "Teleios", 204.

[330] Cf. Howard, "Newness of Life", 215.

[331] MacDonald, "Colossians and Ephesians", 83.

[332] Barth and Blanke, "Colossians", 268.

[333] Sumney, "Colossians", 175.

LA SANTIDAD EN LA CARTAS DE PABLO

cónsonas con su nuevo ser. Para ello recurre a tres términos muy conocidos para referirse a Israel según la carne.

El apóstol prosigue refiriéndose a los colosenses como los «escogidos de Dios» (*ekletoi*), a la usanza del Antiguo Testamento para Israel[334]. Dios ha escogido a los creyentes (véase Ef 1: 4) como los recipientes de las bendiciones de su nuevo pacto. Como tal, es su propietario, son su pueblo. Asimismo, son amados como los miembros del nuevo pacto. Entonces, como escogidos, separados y amados de Dios estaban obligados a vivir a la altura del carácter de Cristo su Señor-amor (véase 3: 14).

Dado que Pablo utiliza dos imperativos en el aoristo (*nekrósate*, «haced morir» en el v. 5 (RV1995) y *endusasthe*, «revestir» en el v. 12) con numerosos objetos, se puede concluir que los colosenses tenían que darle muerte a un montón de cosas. Su selección de vocabulario es un tanto radical para que los colosenses entiendan que tienen que romper con su vida pasada. Por lo tanto, *hagíoi* tiene una connotación relacional. Los colosenses eran santos como propiedad de Dios. Aquí, *hagíos* no tiene una connotación ética o moral. La idea principal es consagración. Sin embargo, como señala Lightfoot, aunque no afirma las cualidades morales de esta gente, sí implica su deber[335]. Tienen que ser moralmente santos.

Hay que tener en cuenta la naturaleza comunitaria o social de las virtudes que Pablo esperaba ver en los colosenses. Cada una afecta sus relaciones personales dentro de la comunidad. La santidad de los colosenses es por el bien de la comunidad[336].

---

[334] Como Marshall, "New Testament Theology", 333 n. 40, correctamente señala, «... el uso paulino de *electo* (Rm 8: 33; 11: 7; 16: 13; Col 3: 12) no es aplicable a los posibles creyentes, sino a quienes ya obtuvieron la salvación».

[335] Lightfoot, "Saint Paul's Epistle to the Philippians", 81.

[336] Thurston, "Reading Colossians", 53.

LA SANTIDAD EN COLOSENSES Y FILEMÓN
FILEMÓN

Hasta hace poco, la Epístola de Pablo a Filemón había sido ignorada, no solamente debido a su brevedad, sino «a la supuesta falta de contenido teológico en comparación con las otras epístolas de Pablo»[337]. Los académicos siempre han estado enfocados en el complicado asunto de la esclavitud[338]. Sin embargo, no es el tema principal de la epístola. En cambio, es una «meticulosa», «obra maestra de sugestión»[339] que nos da un atisbo de la manera en que el apóstol aplicaba su teología a dilemas éticos. Nos ofrece una perspectiva singular de su relación con otros creyentes, además de la manera en que éstas se ven afectadas por los dilemas de identidad que surgen después de la transformación y su influencia sobre las relaciones personales. Aunque la historia no ofrece muchos detalles, una narración sustenta la Epístola a Filemón. Por lo tanto, la reconstrucción de la secuencia de los acontecimientos mencionados e implicados requiere ciertas decisiones interpretativas e imaginación.

Filemón, además de ser un ejemplo del esfuerzo de influir la conducta de otro, nos da un atisbo del carácter de Pablo. Aunque su importancia teológica ha sido relegada a un segundo plano entre las epístolas paulinas, Filemón refleja las normas sociales de la cultura grecorromana del siglo I, pero también ha sido utilizada para discutir las perspectivas de Pablo acerca de la esclavitud. Empero, ese enfoque no le hace justicia a la profundidad de la petición de Pablo a Filemón a que reciba a Onésimo, ya no como esclavo, sino como su hermano en el Señor. Esta breve carta posa como un drama de intrigas y una multiplicidad de relaciones implícitas y explícitas, diversos personajes prominentes y la comunidad en el trasfondo.

---

[337] Petersen, "Rediscovering Paul", 200.

[338] Saarinen, "Pastoral Epistles with Philemon and Jude", 199.

[339] Johnson, "Writings of the New Testament", 354.

LA SANTIDAD EN LA CARTAS DE PABLO

La gramática de Filemón no resalta el tema de la santidad. *Hagíos* aparece solamente en el versículo 7, como sinónimo del pueblo de Dios. Sin embargo, como fuera discutido anteriormente, la ausencia de una palabra en particular no implica que el tema, concepto o motivo tampoco esté presente. Tal es el caso del estudio de la santidad en Filemón, que aquí es vinculada con la dinámica de las relaciones personales.

Pablo recurre a una estrategia retórica que estriba en la comprensión de las identidades de los personajes principales del libro, sus relaciones interpersonales y los deberes morales-éticos arraigados a esas interacciones. El apóstol se describe a sí mismo como «prisionero de Cristo Jesús» (v. 1) para subrayar su propia condición de encadenado por la justicia. La repetición de *desmios* y *desmoi* ('cadenas') en los versículos 1, 9, 10 y 13 consolida este cuadro de esclavitud y despierta la simpatía del lector. Pero esta servidumbre legal no le ha restado a su posición en Cristo[340]. Esa descripción encaja con la de Onésimo; aunque todavía es un esclavo, también es un hermano en Cristo.

En segundo lugar, no es una cuestión de estilo que haga referencia al hermano (vv. 1, 7, 16, 20) y la hermana (v. 2), a Dios como Padre (v. 3) y a la iglesia de la casa (v. 2). Por el contrario, son parte del lenguaje del NT alusivo a la iglesia como casa o familia, lo cual encaja con la manera en que Pablo entiende los vínculos dentro del pueblo de Dios y las subsiguientes relaciones de apoyo, intercambio y amor.

En tercer lugar, Pablo apela al carácter de Filemón. Lo llama su «amado hermano y colaborador» (v. 2). Bien sabía que el Espíritu había producido su amor hacia los demás y su fe en Cristo (v. 5), por lo que podía apelar a la transformación de su carácter. Cuando Pablo comienza su apelación con la frase «por lo cual» (v. 8), está partiendo de lo que ha planteado del carácter

---

[340] Saarinen, "Pastoral Epistles", 203.

LA SANTIDAD EN COLOSENSES Y FILEMÓN

de Filemón en los versículos del 4 al 7[341]. Más adelante, en el versículo 21, vuelve a evocar su carácter como garantía de que haría mucho más de lo que estaba pidiéndole.

En cuarto lugar, aunque la epístola va dirigida a Filemón, el que mencione a la «iglesia que está en tu casa» acentúa la dimensión comunitaria de las peticiones de Pablo. En cuanto a Onésimo y Filemón, poco o nada se sabe aparte de la información provista en este documento.

Estos tres hombres comparten una relación multidimensional y constantemente tensa debido a las normas sociales y culturales de su tiempo y la transformación evolutiva que surge del concepto de Pablo acerca de ser una «nueva criatura» en Cristo. El análisis de estas tensiones arrojará más luz acerca de sus relaciones. Quizás Filemón sea el libro que mejor expone el concepto de la santidad como una «relación restaurada».

La epístola refleja las características de Pablo, tales como su tacto, sentido del honor, el uso de presiones e ironía, generosidad, abnegación y cortesía, como bien conocemos en sus escritos. Le corresponde darle validez a las nuevas ideas de la igualdad cristiana de cara a un sistema que no reconoce la humanidad de los esclavos. Este pudo haber apelado apoyándose en sus derechos personales. Sin embargo, prefiere darle a Filemón la oportunidad de actuar generosa y espontáneamente. Su éxito fue un triunfo del amor al negarse a exigir lo que era justo. Antes bien, se limita a pedirle que perdone la supuesta ofensa, restaure su buena fe y esté dispuesto a fomentar su afecto y simpatía. Y aun así, se cuida de darle el espacio de ser benevolente con Onésimo, quien se lo merecía. De esto trata la santidad.

Filemón 1: 17–20

---

[341] Carson, "Epistles of Paul to the Colossians and Philemon", 107. Véase también Walls, "Colossians & Philemon".

LA SANTIDAD EN LA CARTAS DE PABLO

Los versículos del 17 al 20 exponen las tres peticiones que forman el punto culminante de la Epístola de Pablo a Filemón. El debate ha girado en torno a si Pablo estaba pidiéndole al amo que emancipara a su esclavo. Estos argumentos pasan por alto que la idea central de la carta es la reconciliación y el restablecimiento de la relación entre las partes. Aunque Onésimo ahora es un creyente justificado con Dios y Pablo, no ha reparado su relación con Filemón y la comunidad cristiana a la que pertenecía. Como diríamos, Onésimo se ha arrepentido y ha sido perdonado por Dios. Por ende, su santidad estriba en que restituya los daños ocasionados a su amo y se reconcilie con su iglesia. Pablo intercede a su favor y se compromete a pagar cualquier deuda en que haya incurrido con tal de mantener la paz dentro de la comunidad—la paz con Dios requiere que estemos en paz con el resto de los creyentes. No hay manera de saber cómo Filemón y la iglesia reaccionarían a estas peticiones, pero sí sabemos lo que se esperaba de ellos. Debían de estar dispuestos a rescindir de su resentimiento y prejuicio, perdonar y recibir a Onésimo. Nótese la similitud con el caso del ofensor descrito en 2 Corintios capítulo 2 versículos del 5 al 11[342].

Su lectura cuidadosa del pasaje revelará los aspectos de la santidad que fueron discutidos en los capítulos anteriores. Durante el análisis de las instrucciones de Pablo para el perdón del ofensor (2 Co 2: 5-12) fue señalada la importancia de la santidad como «reconciliación y restauración». No cabe duda de que esta epístola ha sido inspirada por el deseo de reconciliar a dos personas. Solicita el perdón de la ofensa. Pide que esta persona sea recibida como un hermano en la fe a pesar de la diferencia de clases[343]. Pablo resalta el papel de la comunidad en el proceso de reconciliación invocando como testigos de la defensa a Onésimo a Apia, Arquipo, Epafras y la iglesia colosense. De seguro es un intento de llamar a cuentas a Filemón para que ha-

---

[342] Véase Capítulo 4.

[343] Staton, "Timothy–Philemon", 200.

LA SANTIDAD EN COLOSENSES Y FILEMÓN

ga lo correcto. Como señala Petersen, Pablo presiona a la comunidad para recordarles los «términos de su existencia y sus deberes comunitarios»[344]. Esta estrategia concuerda con sus enseñanzas en Efesios capítulo 5 versículos del 11 al 21: los cristianos deben exponer los pecados.

En Colosenses capítulo 3 versículos del 11 al 12, Pablo elogia el ministerio pastoral de Filemón y a la vez, amonesta a los colosenses a que demuestren su bondad y amor, que es de donde parte su apelación. Pablo siempre vincula la santidad con el amor. Cuando el amor funciona y prevalece en el sentido literal, no meramente como motivación, propicia un cambio genuino en las relaciones. Ese amor refleja 1 Corintios capítulo 13 versículos 5 y 7: «… no se porta indecorosamente... todo lo cree, todo lo espera...». El apóstol está demostrando este amor en su apelación a Filemón y esperaba que este respondiera del mismo modo con Onésimo.

LLAMADOS A REFLEJAR AL SEÑOR

En Colosenses, Pablo sostiene su opinión general de la santidad como ya hemos visto durante el estudio de *hagíos* en sus otras cartas. Es el nombre que usa para los creyentes. En este sentido connota el estatus de ser propiedad de Dios. El lenguaje de la perfección es tan pronunciado como en Filipenses. El andar en santidad es una relación íntima con Dios, así como integridad y justicia. Los colosenses son llamados a una santidad moral y ética. En tercer lugar, la santidad debe manifestarse en la vida personal, pero también es social o comunal.

Pablo recurre una vez más a la dialéctica entre los verbos indicativos (éstos se refieren a la realidad) y los imperativos (el mandato a vivir esa realidad). En otras palabras, el mandato desafía al creyente a que lleve su identificación con Cristo hasta

---

[344] Petersen, "Rediscovering Paul", 99–100.

LA SANTIDAD EN LA CARTAS DE PABLO

las últimas consecuencias. Los escogidos y llamados deben reflejar a su Señor.

Capítulo 9

La Santidad en 1 y 2 Tesalonicenses

Algunos de los grandes textos de la santidad se encuentran en las epístolas a los tesalonicenses. Sin duda, la santidad es un tema importante dentro de esta correspondencia, por lo que debemos tomarlos en cuenta para que tengamos un cuadro completo del pensamiento paulino.

Como ya fuere señalado, las oraciones de Pablo están íntimamente vinculadas con su teología. Este estudio de la santidad es impresionante porque casi todos los textos (con la excepción de 1 Ts 4: 7) son oraciones: 1 Ts 3: 11-13; 5: 23-24 y 2 Ts 2: 13. Pablo expresa su ferviente anhelo por estos recién convertidos. Sus exhortaciones para la comunidad de Tesalónica son muy valiosas para la enseñanza de la santidad, en particular, y del Nuevo Testamento en general. El creyente debe vivir a la espera de la venida del día del Señor.

1 TESALONICENSES

El análisis examen de la santidad en 1 Tesalonicenses revela la importancia de *hagíos* y sus derivados: *hagiosúne* (3: 13), *hagiasmós* (4: 3, 4 y 7) y *hagiazein* (5: 23). En cuanto a su estructura, la acción de gracias (3: 11-13) no suena tanto como la conclusión de lo que pudo haber sido otra carta, sino como la introducción a la sección de las exhortaciones y enseñanza (4: 1-5: 22). En los capítulos 4 y 5, explican algunos de los aspectos prácticos de la oración del capítulo 3 vv. 12 al 13 y la manifestación de la santidad.

LA SANTIDAD EN LA CARTAS DE PABLO

En el capítulo 3 versículo 12, Pablo ora por el aumento del amor y su expresión externa es mencionada en el capítulo 4 versículos del 9 al 12. Los versículos del 1 al 8 explican la manera en que sus corazones deben ser establecidos y guardados (3: 13a) irreprensibles en santidad.

La vida santa se inspira en la futura comparecencia ante el Señor (3: 13b), como explica el capítulo 4 versículos del 13 al 18, cuyos detalles se encuentran en el capítulo 5 vv. del 1 al 11. En los versículos del 12 al 22, Pablo ofrece una exposición más detallada de su preocupación más importante: las expresiones de ágape en la comunidad cristiana. La sección concluye con un resumen abarcador del amor a Dios, expresado en términos negativos como la huida del mal (v. 22). En el versículo 23s., reafirma en un tono más suave la oración del capítulo 3 v.12s. Por lo tanto, inicia y concluye la sección con una declaración a modo de oración y resumen de los deseos que ha explicado a partir del capítulo 4 versículo 1 al 5: 22. Por último, 1 Tesalonicenses capítulo 5 versículos del 25 al 28 incluyen sus saludos y la bendición de la epístola.

1 Tesalonicenses 3: 12-13

En 1 Tesalonicenses capítulo 3 versículos del 9 al 11, Pablo da gracias por el excelente testimonio de la fe y el amor de los tesalonicenses, expresándoles su anhelo de volver a ministrarles, si el Señor así se lo permitía. Entonces, ora para que el Señor los haga «crecer y abundar en amor unos para con otros» (v. 12), para que sus corazones sean «irreprensibles en santidad delante de nuestro Dios y Padre, en la venida de nuestro Señor Jesús con todos sus santos» (v. 13).

Pablo está refiriéndose a los aspectos volitivos o intelectuales de los seres humanos (v. 13). Sin embargo, cree que el corazón revela el carácter de la persona (véase 2 Co 3: 2s.; 6: 11-13). Por lo tanto, esta oración por los corazones de los creyentes está presentando todo su ser. En el capítulo 3 versículo 12 confirma que el amor (ágape) es esencial para la vida santa. El crecimiento del amor ágape hacia Dios redunda en la santidad.

Pablo ve la santidad como el objetivo principal de la vida y la experiencia cristianas. Por lo tanto, ora por la madurez de sus conversos, hasta que Dios establezca sus corazones irreprensibles en santidad en su presencia. Nótese que no ora para que sus corazones sean guardados sin culpa en santidad (*hagiosúne*). Más bien, que crezcan y abunden en su amor mutuo y hacia toda persona. Esa petición es seguida por la cláusula final *eis to sterixai*, «... a fin de que Él afirme...». El incremento del amor tiene como fin el que los creyentes sea establecidos irreprensibles en santidad. Por lo tanto, no es apropiado que digamos que el cristiano ha completado su santidad antes de su comparecencia ante Dios el Padre en la parusía. Puesto que el amor nunca se acaba, tampoco llega a un límite en esta vida. Más bien debe aumentar. No debe ser adulterado; debe estar libre de culpa.

En su oración, Pablo dirige la atención de los tesalonicenses hacia el ilimitado potencial del crecimiento y de su amor mutuo y hacia todo el mundo. En otras palabras, deben amar a los forasteros sin tomar en cuenta sus orígenes, estatus socioeconómico o político.

Esta oración nos lleva a peguntarnos si Pablo espera que la santidad fuera lograda en esta vida o en el futuro. Varias razones sugieren que es una realidad presente. Pablo añade peso a la oración cuando dice, «como también nosotros lo hacemos para con vosotros», refiriéndose al gran amor de parte suya y de sus colaboradores hacia los tesalonicenses. En segundo lugar, su oración es afín con la de 1 Tesalonicenses capítulo 5 versículos del 23 al 24. En tercer lugar, su testimonio ya lo ha confirmado en el capítulo 2 versículos del 10 al 12: «Vosotros sois testigos, y también Dios, de cuán santa, justa e irreprensiblemente nos comportamos con vosotros los creyentes».

LA SANTIDAD EN LA CARTAS DE PABLO

1 Tesalonicenses 4: 3, 4, y 7

Como lo hace con frecuencia, Pablo repasa con su audiencia las lecciones anteriores. Los tesalonicenses han estado caminando de una manera agradable a Dios, pero los insta a hacer más (vv. 1-2). La discusión sobre las maneras concretas en que deben agradar a Dios comienza con una declaración contundente: «Porque esta es la voluntad de Dios, vuestra santificación» (4: 3; véase Rm 6: 19, 22 y 1 Co 7: 32-34). El uso del sustantivo *hagiasmós* sugiere el proceso de santificar la ética del creyente en contraste con el estado final que entrará en vigor en la parusía (véase 3: 13)[345]. Por lo tanto, está refiriéndose al aspecto progresivo de la santificación. Además, explicita la voluntad de Dios sobre esta área (vv. 4-8). La ausencia del artículo definido con «voluntad» (*thélema*) sugiere que no está refiriéndose a la totalidad, sino a un aspecto de la voluntad de Dios para el creyente. Nótese que Pablo no está trazando un sistema ético por el bien común de la comunidad ni de otra consideración humana. El cristiano tiene que obedecer estas prácticas éticas porque es la voluntad de Dios.

La voluntad de Dios, tal y como ha sido enunciada, consta de: a) que usted se abstenga[346] de la inmoralidad (4: 3.3b); b) que cada uno posea su propio «vaso» en santidad (*hagiasmós*) y honor (4: 4); y c) que nadie peque y defraude a su hermano «en este asunto» (4: 6). Pablo refuerza su apelación recordándoles a los lectores que Dios Para reforzar su apelación, entonces él recuerda los lectores que Dios es el vengador de estas cosas (4: 7)

---

[345] Wanamaker, "Epistles to the Thessalonians", 150, señala que *hagiasmós* «pudiera denotar ya sea el proceso o el resultado de la consagración o santificación de los tesalonicenses, separándose de la inmoralidad (cf. v. 7)». Añade: «La última explicación es más probable dado que Pablo está describiendo este aspecto de la santificación dentro del contexto de la sexualidad cristiana». Tal es la postura aquí.

[346] Pablo recurre al verbo *apechestai*, que literalmente significa 'mantener a distancia'. Los creyentes no deben ni asomarse a la inmoralidad.

y, añade: «Porque Dios no nos ha llamado a impureza, sino a santificación» (*en hagiasmó*).

El versículo 3b es evidente. Pablo expresa uno de sus temas recurrentes; es decir, que los creyentes deben abstenerse de inmoralidad (véase 1 Co 5: 1-13; 6: 13-18; 7: 2; 2 Co 12: 21; Ga 5: 19; Ef 5: 3). Aquí nos recuerda el aspecto negativo de la santidad. Los miembros de la comunidad deben abstenerse de inmoralidad, lujuria, pasión, defraudar a un hermano e inmundicia. De la misma manera, como dice en 1 Tesalonicenses capítulo 5 versículo 22, tenemos que separarnos de todo mal. Se espera que ejerzamos dominio propio sobre todas las facultades de nuestra personalidad. Y toda nuestra conducta debe tener en cuenta la santidad y el honor, ya que esto agrada a Dios.

La exhortación de abstenerse de la fornicación (*porneia*), dentro de este contexto, implica una devoción total a Dios. La *fornicación* cubre toda clase de inmundicia, particularmente de índole sexual. Pablo sabía que el contexto pagando de los tesalonicenses (como el nuestro) representaba un gran reto en el área sexual para los convertidos. La cultura de la época estaba saturada con poligamia, adulterio, actos de erotismo homosexual y promiscuidad. Pero, Pablo exhorta a la comunidad cristiana con franqueza (como vemos en la paráfrasis de Phillips): «El plan de Dios es santificarlos y requiere que corten de lleno con la inmoralidad sexual».

El versículo 4 es más difícil de comprender porque Pablo menciona *skeuos*, la cual puede traducirse como 'cuerpo' o 'esposa'[347]. Optemos por la primera traducción. Cuando tradujimos la frase *skeuos ktasthai* como 'guardar (su)o cuerpo', damos continuidad a la manera en que estos términos son traducidos en otros pasajes y, sobre todo, hace sentido con la gramática griega.

---

[347] Para una discusión más reciente acerca del significado de *skeuo*, véase Witherington III, "1 and 2 Thessalonians", 113-16 y Bohlen, "Sanctorum Communion", 119-23, quienes abogan por 'esposa'.

LA SANTIDAD EN LA CARTAS DE PABLO

Cuando optamos por traducir los versículos 4 y 5 como, «que cada uno de vosotros sepa cómo poseer su propio cuerpo en santificación y honor, no en pasión de concupiscencia, como los gentiles que no conocen a Dios», terminamos con una declaración acerca del ser humano en un nivel más básico, al contrario de la interpretación avalada por Best. Si el hombre se controla a sí mismo, como Pablo sugiere, ya sea que se case o siga soltero, que tenga su empresa propia o trabaje para otro, todas sus relaciones (al menos desde el punto de vista de ese creyente) serán santas y honrosas (véase 1 Co 6: 19s; Rm 12: 1). En este contexto, *hagiasmós* ('santidad' o 'santificación') denota la «pureza ética» del creyente.

El contraste entre «en santificación» y «concupiscencia», así como el contexto más amplio, requiere tal interpretación. La cláusula expresa la manera en que cada persona debe relacionarse con su mundo. Esta interpretación es reforzada por el resumen del versículo 7: «Porque Dios no nos ha llamado a (*epi*) impureza, sino a (*en*) santificación». Dios no está contemplando que su llamado para el creyente se distinga por su impureza, sino al contrario.

El recurso final es importante porque está correlacionado con el papel del Espíritu Santo en la santificación del creyente. Para Pablo, quien desprecia, ignora o hace caso omiso del llamado y mandato de la santidad, a decir verdad, está resistiéndose al ministerio del Espíritu Santo. Siempre vincula al Espíritu Santo con el andar santo del creyente (véase Rm 8: 3-7; Ga 5: 16-24).

La impureza va más allá de la desobediencia a una norma artificial o al credo de una iglesia o denominación. Antes bien, es una violación de la vida y presencia del Espíritu Santo en nosotros. Pablo no se limita a expresar a la voluntad de Dios como la responsabilidad de cada creyente. Si bien es su responsabilidad, puede lograrla por medio del Espíritu de Dios (v. 8).

LA SANTIDAD EN 1 Y 2 TESALONICENSES

Pablo procede con una cita de Ezequiel capítulo 37 versículo 14 (LXX): «Pondré mi espíritu» (*kai doso top neuma mou is hymas*); agrega a *hágion* 'santo' como adjetivo de «Espíritu» para hacer hincapié en su naturaleza sagrada. El creyente puede obedecer la voluntad de Dios porque ha recibido al Espíritu Santo. Pablo no señala explícitamente al Espíritu en el versículo 8 como el agente de Dios que capacita a los creyentes para la santidad. Sin embargo, el versículo podría haberse completado con *alla ton theon* ('sino a Dios'), como advertencia de que ignorar las instrucciones de Pablo es hacer caso omiso de Dios. Esto lo confirma la cláusula atributiva y restrictiva añadida: «… al Dios que os dado su Espíritu Santo».

Dios nos santifica cuando cooperamos con su proceso. Su Espíritu nos capacita para que seamos o hagamos su voluntad. El Espíritu Santo es la presencia de Dios[348]. Dios llama y capacita para que vivamos en santidad[349]. El someterse al ministerio del Espíritu Santo resulta en santidad.

1 Tesalonicenses 5: 23-24

Como señalásemos al principio del capítulo, 1 Tesalonicenses 5 versículos del 23 al 24 recoge una oración. En el versículo 23, Pablo ora explícitamente por toda la persona. El primer «y» (*kai*) podría ser una exégesis; es decir, el versículo 23b podría ser una explicación del 23a[350]. De modo que «ser» (*humas*) en el v. 23a es explicado como espíritu, alma y cuerpo (neuma, psique y soma). Pablo manifiesta su inquietud por todo el ser[351], primero refi-

---

[348] Juego de palabras con el título del libro de Fee, "God's Empowering Presence".

[349] Best, First and Second Epistles to the Thessalonians, 169.

[350] Frame, "Epistles of Saint Paul to the Thessalonians", 211.

[351] Cf. Best, "Thessalonians", 243s. para una discusión de las diversas divisiones del v. 26 e interpretaciones de *pneuma, psuchi y soma*. Sin embargo, el argumento aquí es que Pablo está refiriéndose a toda la persona. Explica el término *humas* con varios términos alusivos al humano y las facultades humanas.

LA SANTIDAD EN LA CARTAS DE PABLO

riéndose a los lectores: «ser» (*humas*). Luego, elabora con una referencia tripartita al «(todo vuestro ser) espíritu, alma y cuerpo». El que use estos tres términos bien pudiera prestarse para que especulemos largo y tendido acerca de sus conceptos antropológicos y psicológicos. No obstante, en lo que respecta a este versículo, debemos interpretarlo como una referencia a «vuestro» 23b, lo que significa, «el todo de los lectores». De esa manera indica que todo aspecto de la persona tiene que ser santo: abarca su ser. Tiene que darse de lleno a Dios.

Pablo primero ora que el mismo Dios de paz santifique los tesalonicenses[352]. Está reflejando la idea del AT de que Dios es el santificador (Ex 31: 13; Lv 20: 8; 21: 8; 22: 9). Dentro de este contexto, el verbo *hagíasai* no tiene una connotación relacional, sino ética. El apóstol está dirigiéndose a un nuevo grupo de creyentes que, a través de la salvación en Cristo, ha pasado a ser propiedad de Dios. Por ende, dentro de esa relación ya han sido santificadas. Por medio de Cristo ha iniciado la transformación de todo su ser y pasado a pertenecerle (2 Co 5: 17; Col 1: 13-14). Pablo no tiene que orar para que esa relación cambie de otra manera.

Sin embargo, el creyente que pertenece a Cristo cada vez más debe reflejar el carácter de su nuevo amo. Por lo tanto, Pablo ora lógicamente para que Dios los santifique: a cada uno de ellos. Cabe la sugerencia de que su correspondencia con ésta y otras iglesias demuestran una oscilación entre su visión para los miembros individuales y la comunidad en conjunto a tal grado que es difícil separar la una de la otra[353]. Por ejemplo, en la oración del versículo 23b («sea preservado irreprensible para la ve-

---

[352] El verbo *hagíasai* ('santificar') es un aoristo optativo que expresa un deseo alcanzable.

[353] Véase p. ej. el uso de las metáforas del templo en 1 Co 3: 16-17. En el versículo 16, Pablo describe a los corintios como templo en un sentido corporativo, pero también como templos individuales in v. 17.

LA SANTIDAD EN 1 Y 2 TESALONICENSES

nida de nuestro Señor Jesucristo» (*teretheie amemptos*)) sugiere que los creyentes son irreprensibles y que está orando para su condición no cambie.

Pablo puede decir que son irreprensibles porque ya gozan de una relación con Dios en Cristo. Pero, está hablando de su relación. ¿Será que además—por implicación—son éticamente intachables? Si repasamos la epístola, encontraremos que tal era el caso. De la congregación de Tesalónica se dice que sus miembros son imitadores del Señor (1: 6), agradan a Dios (4: 1) y aman a todos los hermanos y las hermanas de Macedonia (4: 10). Eran un ejemplo para los demás. Por tanto, ora para que sigan así, irreprensibles hasta la venida del Señor. Los tiene en tan alta estima que, desde un punto de vista ético, toda la información que ha recibido de ellos ha sido positiva.

Queda la otra cara de la moneda. El capítulo 4 versículos del 3 al 7 sugieren que algunos de los miembros estaban teniendo problemas sexuales en sus matrimonios, mientras que otros eran entrometidos y ociosos (v. 11). De ahí que Pablo ore: «…que el mismo Dios de paz os (plural) santifique por completo». Está orando para que esa minoría alcance a la mayoría y viva en pureza dentro de la comunidad.

Para resumir, el capítulo 5 versículo 23 es una oración que expresa el doble deseo del apóstol: 1) que todo el grupo sea éticamente santo (v. 23a); 2) que los intachables continúen siéndolo hasta el regreso de nuestro Señor Jesucristo (v. 23b). El versículo 24 expresa su confianza en que Dios obrará esa santificación y preservación. Una vez más, recordamos el capítulo 4 versículos del 7 al 8, en donde Dios nos llama a la santidad y luego, menciona el ministerio del Espíritu Santo. La santidad es «de principio a fin una obra de gracia»[354].

---

[354] McCown, "God's Will," 236.

LA SANTIDAD EN LA CARTAS DE PABLO

También, tengamos presente 2 Tesalonicenses capítulo 2 versículos del 13 al 14[355]. Pablo discute la santificación con relación al propósito de Dios para nuestra salvación. Se trata del cumplimiento o la consumación de su diseño y llamado para nuestras vidas. Nuestra garantía de la santificación, por lo tanto, es el carácter de Dios. No se trata de un ideal futuro, sino de una realidad actual. Esta experiencia podemos disfrutarla ahora hasta la parusía.

2 TESALONICENSES

Este libro trata de la conducta de los tesalonicenses en vista de los sucesos escatológicos. Pablo ora que Dios los tenga por dignos de su llamamiento y cumpla todo buen propósito y obra de fe (1: 11). El objetivo de su oración es que Dios sea glorificado en los tesalonicenses, quienes a su vez serán glorificados en él.

2 Tesalonicenses 2: 13 – 14

A partir del primer versículo den el capítulo 2, Pablo se adentra en una discusión muy larga de la parusía que se extiende a través del verso 12. La siguiente sección (vv. 13-17) se ocupa de la santidad del creyente. Ya ha impartido su enseñanza acerca del Día del Señor, alentando a los tesalonicenses a que permanezcan fieles. En el versículo 13 se desvía bruscamente del cuadro sombrío de los versículos anteriores y retoma sus palabras de aliento. Los creyentes deben vivir en santidad y ser el contraste con ese siglo impío. El versículo 10 habla de «los que se pierden», mientras que el 13 resalta a los que han sido escogidos para salvación mediante la santificación por el Espíritu y en la verdad.

Para nuestros propósitos, no tenemos que detenernos en el debate acerca de las variantes textuales de *ap arcos* («desde el principio») y *aparchen* (primicia). Esa interpretación o afecta el significado de *hagiasmós*. Les recuerda a los lectores que «...

---

[355] Véase más adelante.

LA SANTIDAD EN 1 Y 2 TESALONICENSES

Dios os ha escogido... para salvación mediante la santificación por el Espíritu y la fe en la verdad». Los ha llamado para salvación. El contexto sugiere que no se trata solamente de la salvación en la parusía (aunque seguramente está implicado) (véase 1: 7), sino de su vida en el presente. Los creyentes están firmes en la doctrina que recibieron de Pablo (véase 2:15 con sus imperativos) al contrario de quienes han recibido «un poder engañoso» de parte de Dios (2: 11). Sin embargo, para el creyente ha preparado un destino totalmente diferente.

Conviene que comparemos la manera en que Pablo usa la frase *en hagiasmó* (en santificación) con 1 Tesalonicenses capítulo 4 versículos 4 y 7. Como en esos pasajes, la frase gramatical es considerada un caso dativo (complemento indirecto) de modo o adjetivo. Esta describiendo la pureza de la salvación a la que el creyente es llamado. Está bajo el dominio del Espíritu, al contrario de los que están bajo el «poder engañoso» (véase 1 Ts 4: 8).

El «Espíritu» (*pneumatos*) del versículo 13 es el Espíritu Santo. Según las observaciones anteriores (véase 1 Ts 5: 23), Pablo entiende que Dios salva y santifica todo el ser. Por consiguiente, no está diciendo que la salvación se caracteriza por la santidad del espíritu del creyente. Aunque sea cierto, no es lo que el texto está diciendo (2: 13). Según James E. Frame, la santificación mediante el Espíritu señala: «La consagración total de la persona, alma y cuerpo a Dios, la consagración que es inspirada por la presencia del Espíritu Santo, no es solamente religiosa, sino ética»[356].

Gary Steven Shogren ha concluido correctamente que «el tenor general del lenguaje de Pablo en estas cartas es que el *Espíritu santifica a la gente*. Debido al 'Espíritu' es que identificamos este versículo como una de esas referencias implícitas a lo que conocemos como la Trinidad: el Señor (Jesús) los ama, Dios los escoge, el Espíritu los santifica»[357]. En otra parte, Pablo (usando

---

[356] Frame, "Epistles of Saint Paul to the Thessalonians", 278.

[357] Shogren, "1 & 2 Thessalonians", 303.

LA SANTIDAD EN LA CARTAS DE PABLO

la misma preposición, *en*) describe la santificación como la obra del Espíritu Santo de Dios (véase Rm 15: 16; 1 Co 6: 11), que de seguro es el caso en este pasaje.

Pablo probablemente se regocija porque Dios escogió a estas personas para una salvación que se distingue por su pureza ética. El versículo que hemos estado estudiando concluye que Dios ha llamado a los tesalonicenses «… a fin de que tengan parte en la gloria de nuestro Señor Jesucristo» (2: 14, NVI). Pablo tiende a usar *gloria* (*doxa*) para describir al presente Cristo resucitado (véase Flp 3: 21; 2 Co 3: 18; 4: 6; Ef 1: 6). El creyente no puede participar en la persona de Dios, pero sí en su carácter o el de Cristo. Eso es motivo de gozo. A diferencia de los recalcitrantes que persiguen a los creyentes (véase 1: 4-6, 8), estos creyentes están participando en el carácter de Cristo y creciendo en amor (véase 1: 3), concepto con el que alude al parecerse más a Cristo o a crecer en santidad (*en hagiasmós*).

UNA ATMÓSFERA DE SANTIDAD

Tal y como hemos visto en las epístolas que ya hemos estudiado, Pablo sigue interesado en la santidad de sus conversos de Tesalónica. Por eso ora para que Dios los santifique.

El previo estudio ha demostrado algunos de los aspectos discernibles de la santidad. En primer lugar, la santidad es muy práctica. Sus argumentos van de las afirmaciones o los principios generales hasta sus aplicaciones concretas y explícitas en la vida cotidiana.

En segundo lugar, cada aspecto de la vida del creyente debe ser santo. Esa es la idea central de 1 Tesalonicenses capítulo 4 versículos del 1 al 8. Por ejemplo, la santidad tiene una naturaleza comunitaria.

En tercer lugar, la santificación es obra de Dios. Él es el Santificador (véase 3: 13; 5: 23). En cuarto lugar, la respuesta a la

LA SANTIDAD EN 1 Y 2 TESALONICENSES

santificación debe notarse en una vida que contradiga el ambiente.

En quinto lugar, vivimos en una sociedad súper individualista; el mayor deseo es complacerse a uno mismo. De ahí decidimos hasta en dónde adoraremos. Sin embargo, Pablo argumenta lo contrario. Nuestro principal objetivo debe ser andar y agradar a Dios. No es una opción.

En sexto lugar, la santidad es práctica. Pablo enseña que la santificación abarca también, el ámbito sexual de la experiencia humana. El creyente debe conducirse en santidad. Esto aplica a toda su vida. El mundo pagano muestra su decadencia con sus aberraciones sexuales (véase Rm 1: 24-32). Sin embargo, el apóstol afirma que el cristiano no debe inmiscuirse con esas malas costumbres porque contradicen la voluntad de Dios: la santificación cristiana. Y la santificación es lo que desea para cada aspecto de nuestra vida.

En el versículo 6, Pablo extiende la aplicación a otras relaciones de la vida cotidiana. No fueron llamados a una salvación de atrincherarse a la espera del Día del Señor, sino a la proclamación del mensaje que recibieron. Fueron llamados a vivir en santidad y dar testimonio en medio de su sociedad.

En séptimo lugar, Pablo ha demostrado en su correspondencia con los tesalonicenses que la enseñanza de la santidad está íntimamente vinculada con la elección y la escatología. Dios en su santidad ha llamado a los creyentes a vivir en santidad en antelación a la parusía y a la eternidad.

Por último, la santidad requiere crecimiento. En este sentido es progresista. Tres veces se menciona la abundancia (3: 12; 4: 1, 10). Esto subraya el aspecto progresivo de la santificación. Pablo afirma la perseverancia de la iglesia, pero también que prosiga su andar con Cristo. La iglesia no está llamada a una espera pasiva, sino a la búsqueda activa de la santidad. La santificación no es meramente una meta, sino un proceso de imple-

LA SANTIDAD EN LA CARTAS DE PABLO

mentación del llamado de Dios. La santidad es la atmósfera en la que respiramos.

Capítulo 10

La Santidad en las Epístolas Pastorales

Por mucho tiempo se ha reconocido que, aunque la Epístola a Tito y las dos epístolas a Timoteo (comúnmente conocidas como las epístolas pastorales) son composiciones individuales, tienen un estilo y una teología en común[358]. Todavía se debate su autoría. Sin embargo, es evidente que siguen el patrón del tema de la santidad expuesto en el resto de las epístolas paulinas. Uno de sus temas más evidentes es que la salvación conlleva la obediencia a Dios. El creyente es llamado a la transformación ética de su ser. Los salvados están llamados a vivid en santidad. No hay lugar para el pecado. Así lo veremos a medida que analicemos el vocabulario y los motivos de la santidad en las pastorales.

Debido a que el estilo es bien común, como se señalara anteriormente, llevaremos a cabo el análisis paralelo. Empero, atenderemos cualquier particularidad que surja en cada una de las tres epístolas.

Hagíos y sus derivados

Hagíos es mencionado tres veces en las pastorales: 1 Tm 5: 10; 2 Tm 1: 9, 14; y Tit 3: 5. En medio de la advertencia a las viudas y de los requisitos para ellas, Pablo menciona el lavatorio de los pies de los santos (*hagíoi*). El uso de *hagíoi* en este texto simple-

---

[358] Marshall, "New Testament Theology", 397.

LA SANTIDAD EN LAS EPÍSTOLAS PASTORALES

mente se refiere a los creyentes o el pueblo santo de Dios. En 2 Timoteo capítulo 1 versículo 9, es un recordatorio del llamamiento santo del creyente[359], como se ha visto en el resto de las epístolas[360].

Vemos una estrecha relación entre la salvación y la vocación. Dios nos ha salvado y llamado con un llamamiento santo. Pablo está refiriéndose a la vida cristiana. Los cristianos son salvados de una vida pecado a una de santidad (véase 1 Ts 4: 7). En otras palabras, la santidad viene a consecuencia de la salvación. Puesto que Dios es santo, nos llama a una vida santa. Su llamamiento es santo, no solamente porque es suyo, sino se refiere a una vida santa[361]. Philip Towner lo resume bien: «La salvación, el rescate, encuentra su expresión práctica en la vida santa del pueblo de Dios (nosotros)... un estilo de vida que es visiblemente diferente. Se trata de una vida en comunión con Dios»[362].

Por último, Pablo recurre a *hagíos* en el capítulo 3 versículo 5 de Tito, como un adjetivo del espíritu. En este pasaje discute la transformación moral de los creyentes. Dios nos salvó «... por medio del lavamiento de la regeneración y la renovación por el Espíritu Santo». Solo el poder divino puede regenerar al creyente. El Espíritu Santo es el agente de esta obra divina. Su función santificadora es recalcada al estilo del capítulo 8 de Romanos. El Espíritu Santo efectúa la limpieza de la contaminación y la renovación del interior de la persona. La metáfora de la renovación evoca Romanos 12 versículo 2. Knight hace una observación útil:

> Por lo tanto, en Tito 3 versículo 5, Pablo analiza esta transformación interior desde dos perspectivas diferentes de una manera análoga a Ez 36: 25-27 y 1 Co 6: 11.

---

[359] Aquí Pablo recurre a *hagíos* como adjetivo.

[360] Véase 1 Co 1: 9; Ga 1: 6.

[361] Zehr, "1 & 2 Timothy, Titus", 161.

[362] Towner, "1–2 Timothy & Titus", 163.

LA SANTIDAD EN LA CARTAS DE PABLO

Los cuatro sustantivos en genitivo forman un quiasmo con los términos más distinguibles al principio y final, mientras que la transformación aparece en el centro. El primer par de genitivos gira en torno a la necesidad de limpiarse del pecado pasado: «lavamiento» y su adjetivo, el cual implica una transformación interna, «regeneración» ... El segundo par se centra en la nueva vida recibida y ser vivido: el «Espíritu Santo» es su dador y sustentador, el que opera en el interior de los cristianos una transformación interna o «renovación»[363].

La conjugación verbal *hagíadzein*, «santificado», solamente aparece en 1 Timoteo 4 versículo 5 y 2 Timoteo 2 versículo 21. Pablo le escribe a Timoteo sobre la santificación de los alimentos (*hagiadzetai*), lo que nos lleva de vuelta al Antiguo Testamento y el sinnúmero de objetos que eran santificados. Esta expresión surge en el contexto de la advertencia contra quienes estaban desviándose de la fe enseñado, entre otras cosas, el «abstenerse de alimentos». Pablo responde que todo lo creado por Dios es bueno y debe ser recibido con acción de gracias. Descubrimos que los alimentos deben ser recibidos «con acción de gracias participen de ellos los que creen y que han conocido la verdad» (v. 3), y el versículo 5 revela que Dios santifica los alimentos «mediante la Palabra de Dios y la oración».

¿Qué pasó con la comida que fue santificada por la Palabra de Dios y la oración? No fue purificada porque ya lo estaba. No es santificada en un sentido ético, ya que es un objeto. Lo que ocurrió fue: adquirió «una calidad santa por haber sido consagrada a Dios; por haber sido reconocida como don de Dios y tomada como alimento para una vida al servicio de Dios». Este significado concuerda con la tradición del Antiguo Testamento de consagrar objetos para el servicio a Jehová. Traducimos a continuación: Está consagrado, apartado para el Señor mediante

---

[363] Knight, "Pastoral Epistles", 419.

LA SANTIDAD EN LAS EPÍSTOLAS PASTORALES

la Palabra de Dios y la oración. De modo que *hagiádzo* se refiere a la consagración, sin connotaciones éticas.

En 2 Timoteo capítulo 2 versículo 21, el verbo *hagiádzo* es aplicado al creyente. Al cierre del versículo 19, después de una serie de exhortaciones prácticas, Pablo escribe: «Que se aparte de la iniquidad todo aquel que menciona el nombre del Señor». La profesión de fe en el nombre de Dios debe armonizar con la conducta. La duplicidad no tiene espacio. En los versículos 20 y 21, Pablo amplía la declaración del versículo 19 con el uso de la metáfora de la «casa grande»: «Ahora bien, en una casa grande no solamente hay vasos de oro y de plata, sino también de madera y de barro, y unos para honra y otros para deshonra». Quienes se limpian o purifican a sí mismos serán vasos «para honra, santificado (*hegiasmenon*), útil para el Señor, preparado para toda buena obra» (v. 21). Sin embargo, el versículo 21 plantea algunas preguntas. En primer lugar, ¿de qué espera Pablo que Timoteo o los creyentes se limpien a sí mismos? En segundo lugar, ¿qué implica la santificación en este contexto?

Con respecto a lo segundo, hay que definir el sujeto indefinido «estas cosas» de que deben limpiarse los creyentes. La ambigüedad ha llevado a la sugerencia de que Pablo esperaba que Timoteo se separara de los falsos maestros[364]. Marshall tiene probablemente razón cuando concluye: «La referencia debe, por consiguiente, ser atada con cautela a las actividades de los opositores, incluyendo sus falsas enseñanzas con su consabida mala vida»[365]. Tal conclusión pudiera sugerir que los preceptos a continuación van dirigidos a todos los cristianos.

Con respecto a la segunda pregunta, *hegiasmenon* (participio pasivo perfecto) se utiliza aquí en el sentido de «santificado» o «santo» por haber sido limpiado de la contaminación del

---

[364] Para una discusión más detallada véase Marshall, "Pastoral Epistles", 761–62.

[365] Ibíd.

LA SANTIDAD EN LA CARTAS DE PABLO

pecado y unido a Dios, separado para su servicio. La voz pasiva concuerda con la manera en que Pablo ha indicado en otros lugares que Dios es el Santificador (excepto 1 Co 7: 14). Vemos el paralelismo con 1 Tesalonicenses capítulo 4 versículos del 3 al 4, que también utiliza *hagiasmós*, «santificación». Timoteo se limpia a sí mismo y Dios responde limpiándolo; las acciones divinas y humanas están entrelazadas[366]. La limpieza es reiterada, pero en términos espirituales y más personales[367]. Está describiendo la santificación definitiva de los creyentes. Como tal, esta separación tiene unas implicaciones éticas.

El sustantivo *hagiasmós*, «santificación», aparece en 1 Timoteo capítulo 2 versículo 15. Este versículo es problemático para los intérpretes en lo que respecta al significado de la salvación. Sin embargo, las cuestiones más amplias de la salvación no afectan la importancia ni el significado de *hagiasmós*. Aquí es usado de un modo similar a las otras menciones en las epístolas paulinas (Rm 6: 19; 1 Co 1: 30; 1 Ts 4: 3, 4, 7; 2 Ts 2: 13) como referencia a la santificación, la antítesis del pecado y la inmundicia, así como la voluntad de Dios para su pueblo[368].

---

[366] Mounce, "Pastoral Epistles", 532.

[367] Knight, "Pastoral Epistles", 418–19.

[368] Marshall, "Pastoral Epistles", 471.

LA SANTIDAD EN LAS EPÍSTOLAS PASTORALES
Katharós y sus derivados[369]

En las pastorales encontramos el uso de *katharós* (*puro*). Su uso refleja el vínculo entre el corazón y la conciencia. Pablo la usa por primera vez para describir el objetivo de la sana doctrina como «… el amor nacido de un corazón puro (*katharas*), de una buena conciencia y de una fe sincera» (1 Tm 1: 5). Aunque no detalle el contenido de la instrucción, insiste en que su resultado es un corazón puro y una buena consciencia[370]. El fin de su exhortación es una conciencia limpia, de la cual Timoteo es modelo.

Esa conciencia pura contrasta con la conciencia contaminada de los impíos (Tit 1: 15). Indica integridad moral. Una buena conciencia es un predicado moral que señala la conducta correcta del cristiano bien instruido[371]. «La frase corresponde al

---

[369] El verbo «limpiar o purificar» (*katharídzo*) aparece treinta y una veces en el NT [además de *ekkathairo*, el verbo, que se encuentra dos veces]. Las referencias están divididas en dos categorías principales: objetivos y subjetivos. Los matices morales y religiosos de la palabra son evidentes en sus varios contextos. Pablo la usa de un modo coherente con el resto del Nuevo Testamento, en donde *katharós* se refiere a las cualidades morales o separación, sentido que adquiere tres veces (Hch 18: 6; 20: 26; Lc 11: 41). Cada uno de estos pasajes menciona una obligación cumplida o una declaración de inocencia en relación con un delito y la separación de lo común, como Jesús la usa dos veces. Nótese que esta palabra sea usada en la historia de la sanidad del leproso, pero no en otros casos de sanidad. Una persona ciega o paralítica es sanada, pero el leproso es limpiado. El ángel le menciona a Pedro esta limpieza ceremonial cuando lo vio reacio a comer los animales inmundos: «No llames inmundo a lo que Dios ha purificado». La limpieza ceremonial es indicada por *katharores* y alude a la expiación o los beneficios de la expiación de Cristo (Hb 9: 12 - 13).

Santiago exhorta a los pecadores a que limpien sus manos y a los de doble ánimo a que purifiquen sus corazones (4: 8). Ambos términos se refieren obviamente a actos e intenciones deshonestas. Una vez más, esta limpieza es decisiva y un acto de la voluntad. Las manos se purifican por *katharidzete*, pero el corazón es purificado por *hagnídzate*, un concepto más interior y espiritual, inocencia, sin mancha, sinceridad. Aquí, otra vez, es una definición tácita y comentario sobre el término *limpieza*.

[370] Saarinen, "Pastoral Epistles with Philemon and Jude", 35.

[371] Una buena conciencia va más allá de la inocencia del pecado. Se refiere a que Cristo la ha transformado con su poder y carácter. Es santidad.

'corazón puro' como descripción de la buena existencia cristiana»³⁷². Aunque «el corazón es el asiento de los deseos, la conciencia dirige, evalúa y controla el comportamiento según ciertas normas»³⁷³.

El diácono debe guardar la fe con «limpia conciencia» (2 Tm 3: 9). Pablo se encomienda a Timoteo con «limpia conciencia» (2 Tm 1: 3) y lo exhorta «… sigue la justicia, la fe, el amor y la paz, con los que invocan al Señor con un corazón puro» (2 Tm 2: 22). Nos enteramos de que 2 Timoteo capítulo 2 versículo 22 es significativo por dos razones. En primer lugar, vincula el lenguaje de la justificación (justicia) con el de la santificación (pureza). En segundo lugar, veamos el uso de *katharós*. El contexto claramente se refiere a una motivación franca, sincera y honesta ante Dios.

Aunque las buenas obras no salvan, sí confirman la gracia dentro de un corazón transformado (véase Tit 2: 11-14). Pablo amplía el significado de *limpieza* en su enseñanza ética en Tito capítulo 2 versículo 14. Presenta a Cristo el Salvador, como en tantas otras ocasiones, quien «… se dio a sí mismo por nosotros para redimirnos… y purificar [aoristo y subjuntivo] para sí un pueblo propio, celoso de buenas obras». La frase «purificar para sí un pueblo» evoca Éxodo 19 versículos 5 al 6 y Ezequiel 37 versículo 23. En el pasado, Dios redimió a Israel de Egipto para hacerlo su especial tesoro y mandarlo a ser santo. El pasaje de Ezequiel es el mensaje de Dios acerca de la restauración de Israel: «… los libraré de todos los lugares en que pecaron y los limpiaré. Y ellos serán mi pueblo y yo seré su Dios».

Cristo ha redimido a los cristianos para que sean el pueblo de Dios. La frase *laos periousios* «pueblo que es su especial tesoro» define a la Iglesia como posesión de Dios. La pureza re-

---

[372] Fiore, "Pastorals", 135.

[373] Marshall, "Pastoral Epistles", 370.

salta su separación de la iniquidad y devoción al bien, siempre y cuando neguemos la «impiedad» y «vivamos en este mundo sobria, justa y piadosamente». El permanecer como el especial tesoro de Cristo requiere que seamos puros y a su vez, buenas obras. Tiene una connotación ética.

En cuanto a su connotación ética, Spross sostiene que aun cuando *pureza* tenga un trasfondo ceremonial «está informado por el entendimiento ético normativo y entraña una renovación moral»[374]. La muerte de Cristo liberta a los cristianos del pecado; son consagrados para Dios y santificados como su especial tesoro. Pablo concluye su argumento en el versículo 15 enfatizando que el comportamiento moral es el resultado de la purificación. Aquellos que han sido limpiados son celosos de buenas obras (Tit 2: 14c). De modo que, la gracia que apareció en la encarnación de Cristo y nos capacita para vivir piadosamente en el presente, también nos transforma para que andemos en santidad.

La familia morfológica de agnós

Además de *hagíos* y sus derivados, el vocabulario de las pastorales incluye *agnós* y *agneía*, en el sentido de *santo* y *santidad*. Esta terminología desempeña un papel más pequeño, sin embargo, en armonía con su uso en la LXX. Balz señala que «el aspecto relativamente raro del grupo morfológico de *agnós* probablemente se deba a que cambió de significado tanto en el lenguaje helenístico como en el judaísmo, pasando de una expresión de culto a una figura retórica, por lo que es fácil sustituirla»[375]. Aunque su significado original en muchos aspectos coincida con *hagíos*[376], Pablo la usa en el sentido de limpieza, pureza, inocencia y castidad moral. La raíz *agnós* ('puro', 'casto') aparece cuatro veces. En Filipenses 4 versículo 8, exhorta al lector a que sea

---

[374] Spross, "Holiness in the Pastorals", 314.

[375] Balz y Schneider, "Exegetical Dictionary", 22.

[376] Ibíd.

LA SANTIDAD EN LA CARTAS DE PABLO

selectivo con sus pensamientos. La disciplina es crucial para un carácter estable. Entre las cosas que son dignas del pensamiento, como lo verdadero, lo justo, lo amable, debe escoger «lo puro» como corresponde con la santidad.

Pablo imparte instrucciones sobre la ordenación de ancianos, recomendándole a Timoteo: «No impongas con ligereza las manos a ninguno ni participes en pecados ajenos. Consérvate puro» (1 Tm 5: 22, RV1995). No es que le preocupe que Timoteo cometa los mismos pecados de sus opositores; antes bien, le preocupa que Timoteo nombre a un pecador como líder, haciéndose responsable de no haberlo castigado y dejando que extravíe a otros[377]. Y añade que debe conservarse «puro» (*agnós*), irreprochable y libre de pecado (v. 2 Co 7: 11: «inocentes» (*agnós*). La palabra evoca las advertencias previas acerca de la pureza sexual en 1 Timoteo 4 versículo 2 y 5: 2[378].

Aunque la pureza no debe ser igualada con el ascetismo, como decían algunos de los falsos maestros, definitivamente requiere el separarse de la inmoralidad y también una determinación. Tenía que ser precavido a la hora de escoger a sus colaboradores. No podía comprometer su imparcialidad. Sin duda, este versículo exige un alto grado de moral de los líderes[379]. Pablo continúa expresando su preocupación por Timoteo con otros consejos personales en el versículo 23[380]. Su encomienda es que sea disciplinado con el mantenimiento de su integridad.

Agneia («pureza») aparece solamente en 1 Timoteo 4 versículo 2 y 5: 2. La primera ocasión es parte de la exhortación a Timoteo de que sea un modelo de fe y conducta. Como ejemplo de santidad, debe guardar su palabra y conducta. En otras pala-

---

[377] Mounce, "Pastoral Epistles", 317.

[378] Towner, "Letters to Timothy and Titus", 375.

[379] Saarinen, "Pastoral Epistles with Philemon and Jude", 96.

[380] Lea y Griffin, "1, 2 Timothy, Titus", 157–158.

bras, debe ser un modelo tanto en su vida cotidiana como en el desempeño de su ministerio de enseñanza ante la congregación. De esa forma su mensaje será creíble, íntegro y autoritario.

El siguiente caso (1 Tm 5: 2) lleva la exhortación a las relaciones interpersonales, en este caso, el trato con las jóvenes. «Toda pureza», subraya la importancia de la castidad en el trato con el sexo opuesto. Timoteo debe evitar cualquier situación que ponga en tela de juicio su integridad.

Eusebia (piedad): la terminología de la santidad

En las pastorales, *eusebia*, vincula la 'piedad' con la santidad. Esta describe el estilo de vida del pueblo de Dios. *Piedad* se deriva del griego *eusebia*, de la raíz *seb-*, cuyo significado original era 'alejarse de alguien o algo o mantener la distancia', luego, 'maravillarse de algo, sobre todo de lo noble o sublime'[381]. Esta raíz es combinada con el morfema *eu-* ('abundancia, plenitud') para formar *eusebeia*, que significa en griego clásico, 'asombro, respeto por lo divino, el orden social'.

En el Nuevo Testamento, esta palabra cobra el sentido de un 'respeto impresionante hacia Dios, devoción, piedad'[382]. Este grupo de palabras aparece como verbo, adjetivo y adverbio[383]. También, vemos el contraste con *asebeia*, 'impío, impiedad, im-

---

[381] Forester, "Sebomai," 168–96, especially 169.

[382] Bauer y Danker, "Eusebeia", 413.

[383] El verbo *eusebeo*, 'piedad, devoción' en el Nuevo Testamento es usado para «demostrar el más profundo respeto o reverencia hacia alguien». El adjetivo *eusebēs*, «tiene que ver con reverente, respetuoso, piadoso» (BDAG, 413). El adverbio es *eusebōs*, 'piadosamente' (BDAG, 413).

piedad'[384]. Ambas palabras aparecen frecuentemente en las pastorales[385].

Nuestra manera de vivir refleja nuestro respeto hacia Dios: la gente piadosa vive para agradarle. Por un lado, la gente impía (impíos o inicuos) no está interesada en la opinión de Dios. Por el otro lado, los hipócritas llevan una doble vida: una frente a la gente y la otra en secreto, salvo para Dios. La presencia y propagación de las falsas enseñanzas en Éfeso estaban produciendo injusticia e impiedad. Por lo tanto, Pablo está muy preocupado por la santidad cotidiana de los cristianos efesios.

Para Pablo, la teología debe tener una aplicación práctica. Por lo tanto, enérgicamente demuestra que la sana doctrina está correlacionada con la vida de santidad, produce una conducta sana[386]. La mala doctrina produce un estilo de vida que solamente es «*apariencia* de piedad», una clase de religión y fe externas carentes de esencia y poder (2 Tm 3: 5).

En 1 Timoteo capítulo 4 versículos del 7 al 8, Pablo repite *eusebeia* ('piedad') para alertar al lector de su importancia como el sello de la existencia cristiana. Como acertadamente indica Robert Wall, su vasto significado permite que se refiera a los afectos y las prácticas. Además afirma «su uso aquí deja claro que Dios no imputa la vida santa como si su gracia bastara para que los creyentes sean piadosos»[387]. El creyente tiene que tomar un papel activo. La comunidad cristiana es presentada como el

---

[384] El sustantivo *asebeia* es usado «verticalmente como una falta de reverencia hacia la deidad y las instituciones sagradas, como profanidades y acciones impías». El verbo *asebeō* significa 'violar las normas de devoción a la deidad, actuar impíamente'. El adjetivo *asebēs* significa, 'relativo a la violación de las normas de la relación con la deidad, falta de reverencia, impiedad' (BDAG, 141).

[385] *Eusebeia* y sus derivados aparecen en Hch 3: 12; 10: 2, 7; 2 P 1: 3, 6-7, 9.

[386] Véase más adelante.

[387] Wall, "1 & 2 Timothy and Titus", 191.

LA SANTIDAD EN LAS EPÍSTOLAS PASTORALES

contraste de la sociedad romana. La piedad genuina se refiere al contenido de la verdad y su expresión en la conducta[388].

Hosios

En Tito capítulo 1 versículos del 5 al 9, Pablo enumera los requisitos para los ancianos y supervisores. En el versículo 8, menciona explícitamente que supervisor debe ser «hospitalario, amante de lo bueno, prudente, justo, santo, dueño de sí mismo». *Santo* en este caso es la traducción del griego *hosios*. En la LXX, se refiere principalmente a los «piadosos» y, por lo general, es la traducción del hebreo *hasid* (en la mayoría de los pasajes es el plural de la congregación de los santos en pacto con Dios; véase Sal 29: 5; 36: 28; 49: 5; en lo absoluto, Sal 11: 2; 17: 26; 85: 2)[389]. Dentro del contexto presente nótese que aparece junto con «justo» (*dikaios*). En el contexto actual, ambas palabras connotan una conducta ética[390]. Es decir, *hosios* y *dikaios* describen la conducta apropiada hacia el pueblo y Dios, respectivamente.

Ambas ideas aparecen en otros pasajes (Lc 1: 75; Ef 4: 24; 1 Ts 2: 10)[391]. En 1 Timoteo capítulo 1 versículo 9, contrastan la conducta y el carácter del pecador hacia Dios y sus semejantes. Este sentido se mantiene en 2 Timoteo capítulo 2 versículo 22, en donde Pablo exhorta a Timoteo a que busque la justicia. Claro está, esta justicia se refiere a los deberes éticos de quien ha sido justificado.

LA SANTIDAD COMO INTEGRIDAD

El estudio del vocabulario de la santidad en las pastorales nos lleva a ciertas conclusiones. En primer lugar, encontramos las

---

[31]Fee, "1 and 2 Timothy, Titus", 103.

[389] Balz y Schneider, "Exegetical Dictionary", 536.

[390] Ziesler, "Meaning of Righteousness in Paul", 55, comenta que cada mención del sustantivo *dikaiosúne* en las Pastorales va acompañada de alusiones a la conducta o ética en referencia a Dios.

[391] Mounce, "Pastoral Epistles", 391.

LA SANTIDAD EN LA CARTAS DE PABLO

mismas preocupaciones por la santidad vistas en las epístolas cuya autoría paulina es indiscutible. Pablo recurre a una terminología única, pero mantiene el vínculo entre la salvación y la santificación. El primero es usado de forma abarcadora en Tito capítulo 2 versículos del 11 al 14. En las pastorales, la vida santificada no es expresada en términos de «andar el amor», «andar como es digno de este llamado» ni «andar en novedad de vida». Sin embargo, es claro que existe una estrecha relación entre la santificación como estilo de vida y las exhortaciones éticas.

En segundo lugar, las pastorales reflejan el uso polivalente de *hagíos*. Todo el pueblo de Dios ha sido consagrado, pero aun así, debe darle la espalda al pecado y purificarse a sí mismo. El Evangelio debe producir una vida de santidad: la fe y la conducta son inseparables. Quienes alegan ser cristianos, pero se rehúsan a evidenciarlo, deberían considerar seriamente si de verdad son seguidores de Jesús.

En tercer lugar, Pablo continúa entrelazando la santidad con la parusía. Tito capítulo 2 versículos del 11 al 14 es explícito en cuanto a la vida en el presente y la venida de Cristo en gloria.

En cuarto lugar, las pastorales aportan la importancia de la santidad para el liderazgo de la iglesia. La santidad es inseparable de la integridad. Los líderes deben ser íntegros. Además, para Pablo, la sana doctrina es inseparable de la piedad. Si el estilo de vida de un maestro no es coherente con el Evangelio, de nada sirve su enseñanza.

Capítulo 11

Unamos las Piezas

Pero aquellos que se vea no viven como Él enseñó, sean declarados como no cristianos, por más que con la lengua repitan las enseñanzas de Cristo.

— Justino Mártir[392]

Este libro nació de la intención de llenar lo que al parecer es un vacío en los estudios paulinos; la santidad como una categoría distinguible. Para ello hubo que responder preguntas sobre la metodología, la motivación para enfocarse en la santidad en los escritos paulinos, el significado de la santidad en aquel entonces y ahora. Este último capítulo ofrece un resumen y algunas conclusiones importantes.

Como explicásemos en la introducción, es evidente que la discusión debe comenzar por la santidad de Dios. En este sentido, conviene recordar que la santidad es más que uno de sus atributos. La santidad de Dios no debe ser limitada a su «otredad». Antes bien, se da a conocer en sus interacciones con los seres humanos. En este sentido, los profetas del siglo XVII aña-

---

[392] Martyr, "Ante-Nicene Fathers I", 168. Traducción tomada de: http://www.eltestigofiel.org/index.php?idu=pa_o12732

dieron una nueva dimensión a la santidad de Dios al relacionarla con su justicia. De modo que tiene un componente ético. Fue la característica definitoria y su deseo expreso para el pueblo de Israel. Israel debía ser una sociedad que contrastara con el resto de las naciones. Su santidad no estribaba en el mero hechos de su asociación con Dios, sino en la calidad de su vida comunitaria. Después de todo, Dios lo había redimido y llamado como su pueblo santo (Ex 19: 5-6; Lv 11: 44; 19: 2; 20: 7).

Israel era santo como pertenencia de Dios. Sin embargo, Israel tenía que vivir ese llamado. Como tal, estaba llamado a una ética pura. Además, era un llamado comunitario. Aunque cada israelita era responsable de vivir las bendiciones del pacto, no operaba aparte del cuerpo. Por lo tanto, su santidad era ciertamente personal, pero no individualista. La santidad demarcaba los límites que lo separaban de las naciones circundantes. Su llamado al real sacerdocio era misionero. Israel tenía que dar a conocer a Dios entre las naciones. En resumen, el Antiguo Testamento revela que el pueblo de Dios estaba llamado a una santidad polifacética.

Pablo parte de la santidad del Antiguo Testamento. De ahí deriva su vocabulario, sobre todo el uso de *hagíos* y sus derivados.

Para Pablo, la santidad es una necesidad que responde a su visión de Dios, la Iglesia, el mundo y la parusía. Dios llama a la Iglesia (personal y corporalmente) a la tarea de vivir bajo el poder del Espíritu Santo. Su importancia es acentuada como la voluntad de Dios (1 Ts 4: 3). Sus oraciones por santidad demuestran que el Dios Santo llama a los creyentes a una vida a la espera de la eternidad.

Sin duda, el que Pablo insista en la santidad revela una verdad importante acerca de su perspectiva teológica de los creyentes. Parte de la premisa de que la Iglesia es el pueblo de Dios (escatológico) como lo fue el Israel del Antiguo Testamento (1 Co 1: 28-30) y el Templo de Dios (1 Co 3: 16; 2 Co 6: 16; Ef 2: 22).

LA SANTIDAD EN LA CARTAS DE PABLO

Para Pablo, la identidad y el propósito de la Iglesia son cruciales para su relación con Dios y la sociedad en general. Lo vemos en sus muchas metáforas con las que describe a la Iglesia, tales como novia y virgen. La santidad no depende solamente de su relación con Dios como pueblo separado y distinto, sino también, de su relación con la sociedad en general. Esta santidad exige que viva de acuerdo con el orden social de Dios, el cual contradice a la sociedad pluralista. Como tal, está fundada sobre esa relación dinámica, constante con Dios, la que a su vez, rige las relaciones de los creyentes tanto con la sociedad general como dentro de la comunidad.

La santidad es el atributo que distingue a la Iglesia, como pueblo de Dios e igual que Israel, del resto de la sociedad en general. Sin estos límites perdería su voz «profética» y estatus moral. Debe ser la prueba de la realidad de la santificación, ante todo, en términos corporativos.

La santidad tiene un contenido moral. No hay tal cosa como una opción entre consagración y santificación, y entre la santidad como un estatus forense, esto es, imputado como la justicia que produce una vida ética. Aunque la salvación tenga una dimensión pasada, sus implicaciones éticas afectas el presente de quienes fueron, son y serán salvos.

En resumen, Pablo presenta una santidad polifacética similar a la encontrada en el Antiguo Testamento. Por lo tanto, podemos describirla como separación, ética, comunitaria y misionera. Sin embargo, ninguno de estos aspectos de por sí constituye el núcleo de la santidad. Pablo enseña que es un todo.

En cuanto al significado de la santidad o santificación de los creyentes, en primer lugar, se trata de un concepto ético que está arraigado a que le pertenecemos a Dios. Esta perspectiva concuerda con los profetas del siglo XVII, quienes transformaron el concepto de la santidad en uno ético. Por otra parte, existe una estrecha relación entre el amor y la santidad, los cuales describen las dos perspectivas de la vida cristiana (Ga 5: 22; 1 Ts 3:

UNAMOS LAS PIEZAS

11-13). La santidad es preeminentemente expresada en amor; y el amor es el medio para mantenerla. Amar a los demás es negarse a utilizarlos para fines egoístas o aprovecharse de ellos.

Por el contrario, la santidad implica el compromiso de vivir responsablemente en las interacciones con otros creyentes y los incrédulos. Saberse amado por Dios y haberle entregado la vida es negarse a vivir para uno mismo o según los valores de este mundo pagano (Ga 2: 20). Esto lo notamos en el crecimiento, la madurez y el progreso en la vida cristiana, sobre todo en «amor». Esta vida de amor nos mantiene irreprensibles ante de Dios porque influye nuestros pensamientos, deseos, motivos y conducta.

Dios obra su santificación en todo el ser del creyente limpiando cada aspecto de su vida (2 Co 7: 1; 1 Ts 5: 23). Por lo tanto, la santificación va más allá del interior. Por el contrario, se expresa en una conducta tangible. Renueva el carácter y la conducta de los creyentes. Comienza en nuestros corazones, pero eventualmente surge en lo que hacemos. No está limitada a los aspectos religiosos de la vida humana; Pablo enfatiza la transformación contracultural del ámbito más secular de la vida ética: el comportamiento sexual de los creyentes (1 Ts 4: 7). Así, la santificación tiene que ver principalmente con la ética. La entera santificación exige que vivamos como el pueblo santo de Dios.

HACIA EL CRECIMIENTO EN SANTIDAD

¿Cuáles son las implicaciones de este estudio? En primer lugar, nótese que ni la santidad ni la vida santa son aspectos tangenciales dentro de la teología de Pablo. En cambio, es central y amerita más atención de la que hasta ahora ha recibido. Esto debe ser el resultado de haber entendido que la santidad es el propósito y deseo de Dios: Dios quiere santificar a su pueblo tanto en el Antiguo como el Nuevo Testamento. Ha llamado a su pueblo a la santidad y debemos creer en que facilitara los medios para que así sea. Para eso nos ha dado al Espíritu Santo (véase Rm 8: 1-17; 1 Ts 4: 7). Este origina y activa la santidad. No basta con que los

LA SANTIDAD EN LA CARTAS DE PABLO

pecadores se conviertan al cristianismo. Dios quiere que los creyentes se santifiquen para que sus vidas reflejen su carácter y voluntad. Quiere que se torne de su antigua manera de vivir y decidan ser fieles. A fin de cuentas, es un requisito para que participen del glorioso futuro del pueblo santo.

En segundo lugar, la santidad exige una sociedad divina-humana. No es automática, como las oraciones y los indicativos de paulino e imperativos indican. Dios está dispuesto a santificarnos, pero los creyentes deben asumir la responsabilidad de ejercer su dominio propio y andar de un modo agradable a Dios. Hacer caso omiso es exponerse al castigo divino. Dios nos transforma y santifica al momento de la conversión, pero Pablo ha demostrado que se trata del comienzo. De lo contrario, sus exhortaciones y mandatos carecerían de valor. Dios espera que su pueblo sea íntegro porque el Espíritu Santo mora en nosotros para que seamos semejantes a Cristo y vivamos en este mundo a la espera del venidero.

En tercer lugar, los creyentes que esperan la parusía, como Pablo, deben anhelar la santidad, sabiendo que no se quedó en la justificación. Cuando Pablo menciona que debemos guardarnos irreprensibles «hasta la venida de nuestro Señor Jesucristo», no está refiriéndose que alcanzaremos la santidad después de la muerte o la segunda venida. Por el contrario, ora que seamos guardados «irreprensibles» mientras esperamos el final. Pablo ora por la irreprochabilidad de los tesalonicenses (1 Ts 5: 23). En la primera parte del capítulo (vv. 1-11) los llama a vivir «sobria y piadosamente» porque «el Día del Señor» está cerca. En el versículo 23, ora que Dios lo haga posible antes de la segunda venida. Si la santificación es el requisito para la glorificación, no su equivalente, debería ocurrir en este mundo.

Por último, para Pablo, la santidad no es estática. Requiere crecimiento y actualización constante. La Iglesia no debe confundir su búsqueda de la santidad con el frenesí de la justicia por obras. Por el contrario, es una actitud de no conformarse con la condición espiritual actual.

Siempre habrá un nivel más alto hasta que lleguemos al cielo. Por consiguiente, cada creyente debe esforzarse por crecer más en santidad.

www.ingramcontent.com/pod-product-compliance
Lightning Source LLC
Chambersburg PA
CBHW031358230426
43670CB00006B/581